Paul Scheffer-Boichorst

Die Chronik des Dino Compagni

Kritik der Hegel'schen Schrift Versuch einer Rettung

Paul Scheffer-Boichorst

Die Chronik des Dino Compagni
Kritik der Hegel'schen Schrift Versuch einer Rettung

ISBN/EAN: 9783743610682

Hergestellt in Europa, USA, Kanada, Australien, Japan

Cover: Foto ©Thomas Meinert / pixelio.de

Manufactured and distributed by brebook publishing software (www.brebook.com)

Paul Scheffer-Boichorst

Die Chronik des Dino Compagni

DIE CHRONIK

DES

DINO COMPAGNI.

KRITIK DER HEGEL'SCHEN SCHRIFT

„VERSUCH EINER RETTUNG"

VON

PAUL SCHEFFER-BOICHORST.

LEIPZIG
VERLAG VON S. HIRZEL.
1875.

In meinem Buche „Florentiner Studien" veröffentlichte ich eine Untersuchung, deren Schlussergebniss für mich kein geringeres war, als dass die vielgefeierte Chronik des Dino Compagni eine Fälschung sei. Wie vorauszusehen war, konnte der Beweis, ob er auch noch so bündig geführt worden wäre, nicht ohne Widerspruch bleiben. Fast war man gewohnt, die Namen Dante Alighieri und Dino Compagni in Einem Athemzuge zu nennen, — und nun sollte Dino's bewundertes „Meisterwerk", indem ihm der Zauber zeitgenössischer Unmittelbarkeit aberkannt wurde, nur noch den Werth einer nicht übel erdachten, leidlich durchgeführten Mystifikation haben? Dagegen sträubte sich das Gefühl, welches selbst in der Wissenschaft noch nicht ganz gelernt hat, sich dem Verstande unterzuordnen. So konnte es geschehen, dass ein Italiener, ein Mitglied der Florentiner Akademie, ohne meine Arbeit auch nur ein Bischen geprüft zu haben, mir von hohem Sitze zurief: „Oracoleggiare è ciurmeria"[1].

Wie sein Beispiel in Italien gewirkt hat, ist mir nicht bekannt; bei uns hat es schwerlich Beifall gefunden, es sei denn, weil Herr C. Guasti mit der erwähnten Unart zugleich die reichste Veranlassung zur Heiterkeit gab[2]. Damit soll jedoch

---

[1] Vgl. das Raisonnement von Cesare Guasti in den Atti della Crusca 1874 S. 18—21.

[2] Namentlich durch die Berufung auf das damals noch im Drucke befindliche Buch des Marchese Gino Capponi: „la Crusca sarà contenta di errare con lui." Nun ist Capponi's Geschichte von Florenz erschienen, und II. 569—574 finden wir eine Nota intorno alla storia di Dino Compagni. Dieselbe stützt sich nicht etwa auf mein Buch, sondern auf dessen Analyse, welche C. Paoli im Archivio storico Serie terza XX. 164—185 veröffentlicht hatte. Schon danach darf man von Capponi nicht viel erwarten; thatsächlich lässt er sich auf eine Kritik der Einzelheiten

nur gesagt sein, dass ich in Deutschland[1]) nirgends einem so
drastischen Ausdrucke des unwilligen Gefühls begegnet bin; —
gekränkte Herzen habe ich auch hier gefunden: auch mit dem
Empfinden einiger Landsleute stand meine Behauptung in so
schroffem Widerspruche, dass sie dieselbe nicht annehmen wollten,
ob ihr Verstand meine Beweise auch billigen musste. „Ich er-
kenne das Gewicht mancher, gegen die Echtheit in's Feld ge-
führten Gründe an", schreibt Herr von Reumont[2]), „ich vermag
mir Manches in dem Buche nicht zu erklären, und kann dennoch
nicht an die Unechtheit glauben. Man macht ein Buch, — man
schafft keinen Menschen, wie er hier vor uns steht, mit dem Geist
und den Leidenschaften seiner Zeit." Das ist eben ein Ausbruch
des Gefühls, ein hochpathetischer, aber kein durch Schlussfolge-
rung gewonnenes Urtheil, denn wir haben ganz und gar nicht
die Möglichkeit, diesen Geist und diese Leidenschaften als Eigenthümlichkeiten allein der Zeit Dino's zu erweisen. Daher fürchte
ich kaum, mich einer Anmassung schuldig zu machen, wenn ich
auf einen Einwand, wie ihn der Herr von Reumont erhoben,
kurz und verständlich erwidere, in der Wissenschaft müsse man
Gefühlssachen gerade so behandeln, wie man im Leben mit dem

---

gar nicht ein, und unverständlich ist mir, wie Hegel in seiner gleich zu
erwähnenden Schrift diesen allgemeinen Erwägungen irgend eine Bedeutung beilegen konnte.

[1]) Was in Italien sonst noch gegen mich geschrieben ward, darf ich
ohne Schaden unberücksichtigt lassen. Nur eine Bemerkung sei mir hier
gestattet. Bezüglich des oben erwähnten Auszuges, den C. Paoli von
meinem Buche machte, hatte ich in der Jenaer Literaturzeitung 1875
S. 145 bemerkt, der Verfasser habe mich „leider nicht verstanden".
Dieses aufrichtige Bedauern hat nun Herrn Paoli so sehr in Harnisch
gebracht, dass er in einem folgenden Aufsatze a. a. O. XXI. 465 Anm. 1
meine Aeusserung „una tale arroganza" nennt. Ich will die darin liegende
Begriffsverwechselung auf sich beruhen lassen; aber wundern darf ich
mich wohl, dass derselbe Mann, der früher von mir behauptet hatte,
ich hätte meine Abhandlung geschrieben, um die Ehre eines schon vordem
von mir ausgesprochenen Zweifels zu retten, — dass derselbe Mann nun
mir gegenüber den Zimpferlichen spielt.

[2]) Augsb. Allg. Ztg. 1875. Nr. 48. S. 727.

Geschmacke verführt, nämlich nach der Regel: De gustibus non est disputandum.

Anders verhalte ich mich zu einer Kritik, die C. Hegel an meinem Buche geübt hat[1]). Zwar spielt auch in seinem „Versuche einer Rettung" das Gefühl eine grosse Rolle: für jenen Autor, mit dem ihn Jugendfreundschaft verbindet, meint Hegel eintreten zu müssen; er thut es auch „im Andenken an hoch achtbare Historiker, die ihn bewunderten"; und im Verlaufe der „Rettung" wird wieder und wieder das subjective Gefühl in die Schranken geführt, wird der persönliche Eindruck gleichsam als Rettungsanker benutzt. „Der Charakter des Schriftstellers", heisst es z. B. Seite 20, „zeichnet sich mit psychologischer Wahrheit, indem die Zustände sich in ihm reflectiren." Seite 26 lesen wir dann: „Dino's Erzählung seiner Erlebnisse macht durchaus den Eindruck, als ob sie nur aus seiner eigenen Erinnerung geschöpft sei;" und wo er Seite 69 die Bedrängniss der Pistolesen erörtert, zieht er die Summe: „Kurz, man empfängt überall den Eindruck, als ob ein Zeitgenosse über diese Dinge, die sich in seiner Nähe ereigneten und an denen er selbst als Freund der Weissen den lebhaftesten Antheil nahm, aus unmittelbarer Kenntniss berichte." Und zuletzt sind es doch auch vornehmlich Gefühlsmomente, die den Kritiker, da er die Unechtheit wenigstens mehrerer Sätze zugestehen musste, zu der Annahme einer durchgreifenden späteren Bearbeitung führten. Aber Hegel ist doch redlich bemüht gewesen, seine Gefühle zur Erkenntniss zu gestalten; die edle Regung seines Herzens sollte nicht der Unterstützung des Verstandes entbehren. Wie es alsdann bei dem bedeutenden Kenner des italienischen Städtewesens nicht anders sein konnte, musste sich daraus manche treffliche Bemerkung ergeben: recht feine Beobachtungen sind durch sein Buch zerstreut, und ob sein Rettungsversuch gelungen oder missglückt ist, die Kritik der Chronik hat durch Hegel eine wesentliche Förderung erfahren.

---

[1]) C. Hegel Die Chronik des Dino Compagni. Versuch einer Rettung. Leipzig 1875.

I.

Wie Hegel in der Vorrede sagt, will er „die in ihrer Art meisterhafte Kritik Scheffer-Boichorst's [1]) über Dino Compagni von Anfang bis zu Ende begleiten". Diesem Programm ist er indessen nicht ganz treu geblieben: Seite 26 erklärt er: „Es ist nicht meine Absicht seiner Untersuchung Schritt für Schritt zu folgen", und thatsächlich entbehre ich eine Nachprüfung gar mancher, von mir erörterter Punkte, welche für die Entscheidung unserer Frage in's Gewicht fallen.

Innerhalb der Beschränkung, die Hegel sich nach dem zuletzt angeführten Satze auferlegt hat, gliedert sich seine kritische Ausführung [2]) in die drei Abschnitte: I. Die historische Persönlichkeit Dino's in ihrem Verhältnisse zur Chronik [3]), II. Prüfung der gegen die Chronik erhobenen Bedenken, III. Lösung des kritischen Problems. Dieser Gliederung will auch ich mich anschliessen, und ich werde demnach zunächst die Frage erörtern, ob der historische Dino Compagni sich wirklich in so guter Uebereinstimmung mit dem Autor Dino Compagni befindet, wie Hegel gemeint hat.

---

[1]) Man verzeihe, dass ich aus der reichen Anzahl schmeichelhafter Anerkennungen, welche Hegel mir zollt, selbst die eine hervorgehoben habe. Ich that es, weil Herr C. Guasti am 8. September dieses Jahres der Akademie erklärt hat, das harte Urtheil, welches er im vorigen Jahre über mich gefällt habe, sei nun durch Hegel bestätigt! Cf. Il Borghini, giornale di filologia et di lettere italiane II. 98.

[2]) Dieselbe beginnt mit S. 15. Was vorausgeht, ist eine dankenswerthe Geschichte des Dino-Streites.

[3]) Wenn Hegel in diesem Abschnitte bemerkt: „Man kennt Dino Compagni auch als Dichter. Nicht dass seine Zeitgenossen ihn als solchen erwähnt hätten" — so ist er doch im Irrthum. Bei G. Grion La cronaca Dino Compagni opera di Antonfrancesco Doni S. 29 Anm. 1 findet sich folgende interessante Notiz aus dem Autograph des Francesco da Barberino, eines Zeitgenossen Dino's: Ut corda eorum crescere facias, recita . . . . . *de modernis* ut notarii Jacobi Guittonis de Aretio, domini Guidonis Guinicelli, Guidonis Cavalcanti, Dantis Arigherii, domini Cini de Pistoja, *Dini Compagni* et multorum proborum dicta et actus.

Vorab muss eingeräumt werden, dass der Dino der Chronik mit dem Dino der Geschichte in einzelnen Punkten übereinstimmt: in seinem Priorat von 1289 und 1301, in seinem Gonfaloneriate von 1293. Aber diese Thatsachen liessen sich aus dem ersten besten Beamtenverzeichnisse gewinnen: sie geben uns noch kein Recht „die gute Uebereinstimmung" zwischen dem Dino der Chronik und der Wirklichkeit zu rühmen. Wir müssen an anderen Fällen prüfen, ob in der That die Uebereinstimmung eine gute sei.

Der Chronist liebt seine werthe Person in den Vordergrund zu stellen. Nach I. 4 ist er nicht der Letzte unter den sechs Urhebern der neuen Verfassung; wie er I. 12 erzählt, ist er der Erste, welcher nach den eben eingeführten Ordnungen der Gerechtigkeit die Häuser verbrecherischer Magnaten zerstört; I. 14 enthüllt er die gegen den grossen Giano angezettelte Verschwörung; da nach I. 21 die Lucchesen gewarnt werden sollen, das Gebiet der Florentiner zu betreten, vergisst Dino nicht, seinen Lesern mitzutheilen, dass er den Brief geschrieben habe; ebendort befindet er sich in dem Rathe, welcher die Verbannung von einzelnen Parteihäuptern beschliesst, und noch in demselben Kapitel überreicht er dem Kardinale Aquasparta 2000 neue Gulden, indem er das Geschenk mit einigen Worten begleitet; in der Versammlung zu Santa Trinità, über welche I. 23. 24 handelt, räth er zum Frieden; dann begiebt er sich mit Lapo Ulivieri zu den Prioren, um ihnen einen guten Rath zu ertheilen; wie er II. 5 erzählt, giebt er im Auftrage seiner Amtsgenossen den zu vier oder sechs sie besuchenden Bürgern eine freundliche Antwort; nach II. 7 lässt er einen eben eingetroffenen Brief Karl's von Anjou vervielfältigen; gleich im folgenden Kapitel hält er eine kräftige Rede in San Giovanni: ein heiliger und ehrwürdiger Gedanke ist ihm gekommen, und durch dessen Ausführung will er nun den Staat retten; dann erholt er sich Raths von Andreas da Cerreto; II. 11 lässt er Gesandte, die vom päpstlichen Hofe zurückkehren, zur Verschwiegenheit sich verpflichten; darauf versammelt er sechs weise Juristen, denen er den Vorschlag macht, den Papst um einen neuen Legaten zu bitten; II. 12 beruft er eine Versammlung, in welcher er als Vertreter seiner Collegen, der übrigen Prioren, den Vorsitz führt, zu einem Ausgleich räth, und eine Neuwahl anordnet; II. 17 leisten der Kanzler und der Marschall Karl's von Anjou gerade in Dino's Hände den Eid auf die Verfassung.

Man sieht, welch' zarte Aufmerksamkeit der Chronist seiner eigenen Person schenkt; ja selbst unbedeutende Dinge werden uns mitgetheilt, weil sie oben von Dino ausgehen. Für Alles aber fehlt jede urkundliche Bestätigung, jede annalistische oder chronikale Belegstelle. Dagegen sind wir aus Rathsprotokollen über manche anderweitige Thätigkeit Dino's unterrichtet, und hierüber schweigt nun sonderbarer Weise unser doch so ruhmrediger Chronist.

Ganz ausführlich hat Dino I. 8—10 den Krieg mit Arezzo geschildert; er geht in's Detail, dass man sich oft des Lachens nicht erwehren kann: er sagt uns z. B., welchem Geschlechte die Frau des Heerführers entstammt, er berichtet eine Anekdote über den kurzsichtigen Bischof von Arezzo, er handelt selbst über die Heimkehr des Talamo Adimari, der weder früher im Staate, noch jetzt im Felde sich irgendwie ausgezeichnet hat. Schon danach, noch mehr aber nach seiner oben geschilderten Ruhmredigkeit sollte man erwarten, dass Dino vor Allem seiner eigenen Thaten gedacht hätte.

Die Welfen von Arezzo, wegen deren der Krieg begonnen war, scheinen nach der Schlacht von Campaldino doch den Frieden gewünscht zu haben. Zu diesem Zwecke schickten sie Boten nach Florenz, und hier fand nun am 22. November eine Berathung statt. Wie wir aus einer Urkunde wissen[1]), ergriff Dino Compagni das Wort: „Man solle den Welfen von Arezzo erwidern, dass Florenz für ihren Frieden thätig sei. Wenigstens wolle dieses jetzt keinen Krieg; es würde die Strassen öffnen und die Gefangenen herausgeben, wenn Arezzo ihm Schadenersatz leiste und seine mit den Aretiner Welfen geschlossenen Verträge genehm halte." Darauf kam eine neue Gesandtschaft, und am 1. Dezember bestieg Dino wieder die Tribüne[1]). Er sprach in gleichem Sinne,

---

[1]) Archivio storico Serie terza XVI. 13.

wie am 22. November, fügte aber hinzu: „Die gewonnenen Burgen geben wir nicht heraus."

Wenn wir nun erwägen, dass der Dino der Chronik sich einerseits mit nicht geringem Selbstgefühl in den Vordergrund der Bewegung stellt, während uns von seinen betreffenden Thaten keinerlei sonstige Kunde ward, dass anderseits der Dino der Wirklichkeit, nach den angeführten Urkunden, in einer wichtigen Angelegenheit als Berather seiner Mitbürger auftrat, indess der Dino der Chronik diese Thätigkeit mit Stillschweigen übergeht; so wird doch von einer „guten Uebereinstimmung", welche sich in dem Verhältniss des historischen Dino Compagni zur Chronik zeigen soll, nicht mehr die Rede sein können. Wir haben vielmehr einen unerklärlichen Widerspruch, — einen Widerspruch, der noch dadurch verschärft wird, dass der Chronist über jenes Ereigniss, in welches seine, von ihm verschwiegene Wirksamkeit hineingehört, im Uebrigen die angeführten, bis zur Lächerlichkeit kleinlichen Einzelheiten mittheilt.

Nicht besser verhält es sich mit einer noch reicheren Thätigkeit, welche Dino in dem Pisaner Kriege von 1290—93 entfaltete. Am 10. Juli und 22. August 1290, am 12. Februar, am 3. und 10. März 1293 hat Dino in Angelegenheiten des Aufbruchs gegen Pisa, der von Bologna zu erbittenden Hülfe und endlich des Friedens vor seinen Mitbürgern geredet[1]); und gerade zur Zeit, da er selbst das höchste Amt der Republik bekleidete, am 12. Juli 1293, kamen die lang gepflogenen Verhandlungen zu einem Abschlusse, wie Florenz ihn günstiger nicht wünschen konnte. Gewiss, wenn es der wahre Dino ist, von welchem ich oben gezeigt habe, dass er seine Person in den Vordergrund zu stellen liebt, dann hätte er diesen Pisaner Krieg mehr als irgend ein anderes Ereigniss für seine selbstgefällige Neigung ausgebeutet; gewiss, wenn es der wahre Dino ist, welcher uns die kleinliche Kunde giebt, dass gerade er, nicht der städtische Notar, einen Brief an Lucca schrieb, dass er es war, der einen Brief Karl's von Anjou vervielfältigen liess, dass gerade in seine

---

[1]) Archivio storico l. c. 11. 16. 17.

Hände die beiden Franzosen den Eid schwuren, dann würde er zum Wenigsten auch von dem glorreichen, sein Gonfaloneriat verherrlichenden Friedensschluss mit Pisa gesprochen haben.

Den hier entwickelten Gegensatz hat Hegel nicht zur Sprache gebracht. Seite 56, wo er die Lücken des Buches zu erörtern beginnt, hat er zwar die oben angeführten, Dino's Thätigkeit bezeugenden Aktenstücke berührt, aber er scheint sich nicht eben sonderlich über Dino's Schweigen zu wundern. Ich denke, dass es durch den Gegensatz, in welchem es die nun von mir betonte, von Hegel nicht verkannte Eitelkeit des Chronisten erscheinen lässt, auch auf meinen Kritiker einen entschiedenen Eindruck macht: schon hiernach meine ich die gute Uebereinstimmung, welche sich in dem Verhältniss des historischen Dino zu der Chronik zeigen soll, als Illusion bezeichnen zu dürfen.

Einmal hat Hegel selbst gefühlt, dass die gute Uebereinstimmung doch nicht so ganz vorhanden sei. Seite 21 bemerkt er: „Zu einem gegründeten Zweifel giebt allerdings Anlass, was der Chronist Dino von seinem Gonfaloneriate erzählt." Hegel muss zugeben, dass Dino's Behauptung, er sei der erste Gonfaloniere gewesen, der auf Grund der Ordinamenta justitiae das Haus eines Magnaten zerstörte, mit Villani und anderen Chronisten in auffallendem Widerspruch steht; aber dann tröstet sich mein Kritiker damit, dass Dino „doch nicht durch ein urkundliches Zeugniss widerlegt wird".

Dino I. 12 erzählt: *I primi*, che vi caddono furono i *Galligai*. Die Rache des Volkes habe dieses Geschlecht ereilt, weil ein Angehöriger desselben einen Popolanen getödtet habe. „Et *io Dino Compagni*, ritrovandomi Gonfaloniere di giustizia nel 1293, andai alle loro case e *de' loro consorti*, e quelli feci disfare *secondo le leggi*." Diese Angabe enthält drei Unrichtigkeiten, und man beachte wohl, es ist Dino, welcher von sich selbst die dreifache Unrichtigkeit aussagt.

1) Villani VIII. 1 berichtet, dass der erste Gonfaloniere, welcher das Haus eines Magnaten zerstörte, Baldo de' Ruffoli

gewesen sei. Baldo aber war nach Villani und Anderen, mit denen Dino selbst übereinstimmt[1]), der erste in der ganzen Reihe der Gonfaloniere: er führte das Banner vom 15. Februar bis 15. April 1293. In diese Zeit setzt denn auch Villani's jüngerer Zeitgenosse Simone della Tosa[2]) die erste Häuserzerstörung: er berichtet von ihr zu Ausgang des florentinischen Jahres 1292, und da nun dieses mit dem 25. März 1293 endete, da die Häuserzerstörung ferner erst durch die Verfassung vom 15. Februar 1293 dem Gonfaloniere übertragen war, so hat auch Simone offenbar die Zeit des ersten Gonfaloniere, das Baldo de' Ruffoli, im Sinne gehabt[3]).

Dass Baldo den ersten Racheakt gegen einen Magnaten vollzog, ergab sich denn auch aus einer Urkunde. Ich erwähnte in meinem Buche[4]), dass am 9. April 1293, lange vor dem Gonfaloneriate Dino's, welcher das Banner erst am 15. Juni 1293 übernahm, schon der Beschluss gefasst sei, alle processus et executiones *facti et facte actenus* et de cetero fiendi et fiende per vexilliferos justitiae wären mit gutem Grunde geschehen, daher dürfe pro aliquo dampno seu vasto *datis vel factis*, dandis vel fiendis in aliquibus seu de aliquibus domibus, edifitiis, bonis et rebus quomodocunque destructis keinerlei Schadenersatz gefordert und geleistet werden. Wie gesagt, wird dieser Beschluss am 9. April 1293 gefasst, d. h. unter dem Gonfaloneriate des ersten Bannerherrn, des Baldo de' Ruffoli, dem erst als dritter Dino Compagni folgte.

Dagegen hat mir Hegel erwidert[5]), dass er in der angeführten Urkunde noch keine Widerlegung finde, „da die Executionen mit Häuserzerstörung, von welcher dort die Rede ist, nicht blos auf Grund der Ordinamenta justitiae stattfanden, sondern auch

---

[1]) Cf. I. 11.
[2]) ed. Manni Cronichette antiche 154.
[3]) Weitere Zeugnisse, abwärts bis zu den Regesten von Reumont's, findet man bei Fanfani La critica de' nonni 27—31.
[4]) S. 106. Cf. Archivio storico. Nuova serie I*. 73.
[5]) In einem Briefe vom 29. Juli 1875. Sein Buch nimmt auf meine Argumentation keinen Bezug.

sonst bei Criminalvergehen gesetzlich und üblich waren"; er meint, es handele sich eben nicht blos um Executionen, wie die Ordinamenta justitiae sie gegen die Magnaten vorgesehen hätten, sondern auch um anderweitige. Aber das obige Gesetz ist ja eben ein Bestandtheil der Ordinamenta[1]); in dem obigen Wortlaute ist ja auf den Gonfaloniere, den derzeitigen Executor der Ordinamenta, ganz ausdrücklich Bezug genommen, und fast noch bestimmter heisst es weiterhin: vexillifero existente in aliquo loco cum vexillo justitie *pro executione Ordinamentorum justitie.* Ganz offenbar haben also die Gesetzgeber lediglich Executionen auf Grund der Ordinamenta justitiae im Auge gehabt.

Hegel meint ferner, bis zum 9. April könne man doch höchstens gegen Einen Magnaten vorgegangen sein; er meint also: damit das Gesetz in meinem Sinne verwerthet werden könne, müsse es etwa heissen: processus et executio factus et facta actenus et processus et executiones de cetero fiendi et fiende. Schon der Plural des vorliegenden Aktenstücks zeige, dass es sich nicht um eine Execution lediglich der Ordinamenta handele. Dagegen verweise ich einmal auf meine obige Ausführung; dann darf ich mich doch wohl wundern, dass Hegel von den sonst so ungenau sich fassenden Gesetzen hier einen so genauen Ausdruck verlangt; und endlich: woher weiss man denn, dass bis zum 9. April nicht noch ein zweiter Prozess geführt, nicht noch ein zweites Haus zerstört wurde?

Ich bin vielleicht zu ausfürlich gewesen, aber da mir daran liegt, meinen Lesern zu zeigen, wie Hegel gleichsam ein Löchlein sucht, um mir zu entschlüpfen, so finde ich wohl Entschuldigung, wenn ich erst jetzt den Hauptschlag führe. Die vernichtende Waffe aber verdanke ich dem unermüdlichen Bekämpfer Dino's, Herrn Pietro Fanfani[2]). Aus einem Codex der Magliabechiana, welcher

---

[1]) Florentiner Studien S. 106 Anm. 3 bemerkte ich schon: „Natürlich ist der Beschluss dann auch in die Ordinamenti aufgenommen, nur entbehrt er hier der Daten."
[2]) La critica storica de' nonni 33.

Sammlungen des fleissigen Borghini enthält, hat er jüngst folgende Notiz veröffentlicht: Lire 28, soldi 13, danari 6 per remuneratione o paga *magistrorum*,[1]) *picconariorum, banderariorum,*[2]) *trumbatitorum*[3]) *et nunciorum, qui fuerunt ad destruendam domum de Gallis.* Fassi questo consiglio l' ultimo di marzo 1293.

2) Dino behauptet: i *primi* che vi caddono furono i *Galligai*; und er redet noch einmal von dem Uebelthäter aus dem Hause der Galligai; ein Schreibfehler ist also nicht anzunehmen. Nun aber lesen wir in der angeführten Urkunde ad destruendam domum de *Gallis*. Ist etwa daneben ein Haus der Galligai zerstört worden? Die Vermuthung würde wenig fruchten, denn weil Dino, der dritte Gonfaloniere, die Häuser der Galligai zersört haben will, ist nach unserer obigen Darlegung die Notiz „i *primi* che vi caddono furono i *Galligai*" doch nicht mehr zu halten. Zu allem Ueberfluss berichtet denn auch Villani, dass man zur Zeit des ersten Gonfaloniere hinausgezogen sei a disfare o guastare i beni d' uno di casa *Galli* di porta Santa Maria. Noch genauer ist Simone della Tosa: andò il popolo col gonfalone *di prima*, a disfare *Segna de' Galli*.

3) Dino will nicht blos die Häuser der Galligai, sondern auch ihrer Geschlechtsgenossen zerstört haben, und zwar auf Grund der Gesetze: andai alle loro case *o de' loro consorti* e quelle feci disfare *secondo le leggi.* Das, führte ich aus, sei durch ein Missverständniss Villani's verschuldet: der Fälscher habe bei Villani gelesen, dass nach der neuen Verfassung fosse tenuto l' uno consorto per l' altro, und anstatt nun diese Bestimmung auf die Bürgschaften, die der Stadt zu stellen waren, dann vornehmlich auf die Strafgelder zu beziehen, — wie es der Verfassung entsprochen habe, — sei Dino gleich zu der ungeheuerlichen Deutung geschritten, dass mit den Häusern des Verbrechers

---

[1]) sc. de lapide et ligamine, wie deren öfter genannt werden.
[2]) Bei Farfani: baratteriorum.
[3]) Bei Farfani: turbatitorum. Trumbatitorum = trombettieri.

auch die seines ganzen Geschlechtes zerstört werden müssten[1]). Ueber diese meine Erklärung des wunderlichen Irrthums hat Hegel sich nicht verbreitet[2]), — genug, dass er in der Sache mit mir übereinstimmt: „Die Ordnungen der Gerechtigkeit verlangten im gegebenen Fall, wie billig, nur die Zerstörung der Häuser und Güter des Thäters allein." In Dino's Behauptung, dass er auch die Häuser der Geschlechtsgenossen nach den Gesetzen zerstört habe[3]), liegt eine Unwahrheit, die der ersten und zweiten ganz würdig ist.

Ich könnte gleich hier eine allgemeine Nutzanwendung ziehen: schon hier liesse sich Hegel's Annahme einer späteren Interpolation ad absurdum führen, aber ich will die Reihenfolge Hegel's nicht unterbrechen; ich wiederhole nur noch einmal: von

---

[1]) Dazu kommt noch, dass in den Codices des Villani, welche dem von Dino benutzten verwandt sind, statt: i beni d'uno di casa Galli steht: i beni d'uno casato detto Galli.

[2]) Hegel S. 43 bemerkt: „Man könnte nun wohl zu Gunsten der Erzählung Dino's einwenden, dass auch Villani und die späteren Chronisten, die ihm folgten, gleichfalls von der Zerstörung der Häuser des ganzen Geschlechtes berichten." Dann aber meint Hegel doch, Villani hätte einen solchen Irrthum allenfalls begehen können, bei Dino sei er unmöglich anzunehmen. In der That hat Villani ihn gar nicht begangen. Es sind allerdings im Uebrigen nicht die schlechtesten Codices seiner Chronik, in denen es heisst: a disfare i beni d' uno casato detto Galli; aber an dieser Stelle giebt doch offenbar die von Muratori XIII. 344 benutzte Handschrift den ursprünglichen Wortlaut wieder: a disfare e guastare i beni d' uno di casa Galli.

[3]) Hegel S. 44 erwägt die Möglichkeit, ob Dino das Gesetz „missbraucht" habe. Schwerlich hätte er dann hinzugefügt: fece disfare *secondo le leggi;* und im Uebrigen war der historische Dino durchaus nicht der Mann über die Gesetze hinauszugehen, eher blieb er dahinter zurück: nach einer ungedruckten Urkunde vom November 1295, deren Kenntniss ich Herrn Assessor Wüstenfeld verdanke, brachte Albizzus Monis, als Notar und Syndicus der Commune, mehrere Petitionen vor, darunter auch eine, die ihm Ghettus Paganetti übergeben hatte, dass nämlich Dino Compagni die Uebelthaten, welche Turchius Rustichelli und Conradus Gherardi von Sommaja gegen seine Person begangen, als Gonfaloniere weder selbst bestraft, noch deren Bestrafung durch den Podestà und Capitain veranlasst habe.

einer „guten Uebereinstimmung", in welcher der historische Dino Compagni sich zur Chronik oder der Chronist sich zu den faktischen Verhältnissen der angegebenen Zeit befinden soll, darf meines Erachtens nicht die Rede sein.

II.

1a.) Was die Prüfung der gegen die Chronik erhobenen Bedenken angeht, so meint Hegel zunächst, auf die *chronologischen Fehler* im Allgemeinen kein grosses Gewicht legen zu sollen, denn es sei dem Autor mehr auf Zusammenhang als Zeitfolge angekommen. „Man kann in solchen Fällen den wirklichen oder scheinbaren chronologischen Fehler leicht aus Villani berichtigen." Der letzteren Ansicht bin auch ich, doch scheint mir nicht recht einleuchtend, was damit für Dino gewonnen ist. Und ist es denn wirklich wahr, dass Dino mehr den Zusammenhang als die Zeitfolge im Auge hat? verhält er sich wirklich anders als Villani, „der die Ereignisse nach fortlaufenden Jahren berichtet"?

Dies sind die Daten, wie sie in der Chronik auf einander folgen: 1280, 15. Juni 1282, 15. April 1289, 15. Februar 1293, 5. März 1294, 24. Juni 1300, 1. Mai 1300, 15. Oktober 1301, 4. November 1301, April 1302, Ostern 1303, Juni 1303, 1. August 1303, 7. September 1303, 1. November 1303, 10. März 1304, 26. April 1304, 6. und 8. Mai 1304, 8. und 10. Juni 1304, Juni 1305, 15. September 1307, 16. Juni 1309, August 1310, 25. Dezember 1310, 1. Januar 1311, 12. Mai 1311, 14. und 18. September 1311, 21. Oktober 1311, 12. November 1311, 6. März 1312, 1. Mai 1312, 1. August 1312. Wie man sieht: ein chronologisches Schema, welches wenigstens auf die Absicht einer streng chronologischen Erzählung zu deuten scheint[1]). Nur einmal geht der Chronist vom 24. Juni 1300 auf den 1. Mai 1300 zu-

---

[1]) Wenn die Jahre und Tage, welche der Autor selbst hinzufügte, eine regelrecht fortlaufende Chronologie bezeichnen, so ist gewiss nicht anzunehmen, dass jene Ereignisse, zu denen er keine Daten gesetzt hat, von vornherein ausser der chronologischen Reihe stehen sollten. Das hat Hegel S. 107 geglaubt, namentlich um die unvollendete Gestalt des dritten Buches zu erweisen: in Anm. 2 giebt er eine Chronologie des-

rück, doch möchte sich schwerlich erweisen lassen, dass er hier deshalb die Chronologie durchbrochen habe, weil er das innerlich Zusammengehörende auch äusserlich zusammenfassen wollte[1]). Wie sehr Dino thatsächlich um die Chronologie besorgt war, wie wenig ihm an dem inneren Zusammenhang lag, zeigt sich denn auch an mehr als einer Stelle. Z. B. II. 33 erzählt den Krieg mit Arezzo, der im Sommer 1303 stattfand, II. 34 handelt von der Rückkehr verbannter Florentiner und giebt uns das Datum des 1. August 1303, in II. 35 lesen wir von dem Attentate, welches am 7. September 1303 auf Bonifaz VIII. gemacht wurde, II. 36 aber beginnt: „In genanntem Monate September", und nun wird über einen neuen Krieg mit Arezzo berichtet. Das ist doch offenbar eine streng chronologische Methode; ein Pragmatiker hätte II. 33 und 36 zusammengezogen, hätte die beiden Kriege gegen Arezzo nicht durch ganz heterogene Dinge getrennt.

Doch wenden wir uns zu den Einzelheiten! Seite 53 hatte ich bemerkt: „Ganz dasselbe Ereigniss, welches nach Dino der Ausgangspunkt der Versöhnung von 1280 wird, nämlich die Vermählung Forese Adimari's, des Welfen, mit der Tochter des Grafen Guido, des Ghibellinenhauptes, ist nach Villani ein Schlussstein in dem Friedenswerke von 1267." Dagegen meint Hegel, der Widerspruch sei nur scheinbar; Dino habe nicht ausdrücklich gesagt, dass die erwähnte Vermählung erst 1280 erfolgt sei; er lasse sie nur die Veranlassung zunächst eines kleinen Zwistes[2]), dann aber einer grossen Einigung werden. Hegel scheint also den von mir betonten Widerspruch in der Weise heben zu wollen, dass er jenes Ereigniss, welches ein Akt im Frieden von 1267 war, zugleich zur Ursache der Versöhnung von 1280 macht.

---

selben; und da geht denn freilich Alles kopfüber kopfunter, aber es ist zu beachten, dass diejenigen Daten, welche die Chronologie durchbrechen, sammt und sonders von Hegel ergänzt sind.

[1]) Und selbst hier ist bestritten worden, dass Dino wirklich von späteren auf frühere Ereignisse zurückgreife. Hillebrand Dino Compagni 108 Anm. 2.

[2]) Ich weiss nicht, durch welches Missverständniss es geschehen konnte, dass Hegel von einem „grossen Hader" redet. Dino sagt ausdrücklich: una piccola fonte, una piccola discordia.

Dino nun erzählt: „Im Jahre der Fleischwerdung Christi 1280, als in Florenz die Welfenpartei herrschte, die Ghibellinen verjagt waren, ging aus einer kleinen Quelle ein grosser Strom hervor, nämlich aus einer kleinen Zwietracht in der Welfenpartei eine grosse Einigung mit der Ghibellinenpartei." Und nun bezeichnet er die kleine Quelle: Bonacorso degli Adimari, mit welchem sich andere welfische Grosse in Stolz erhoben hatten, beging gegen seine Gesinnungsgenossen eine Treulosigkeit: er gab seinem Sohne Forese die Tochter des ghibellinischen Grafen zur Frau. In Folge dessen suchten die Welfen, welche sich von ihren Häuptern verlassen sahen, eine Verständigung mit den Ghibellinen, „die draussen waren". Passt dieser Bericht nun auf 1267?

Indem ich das angezogene Kapitel Villani's[1]) nochmals einsehe, finde ich den Widerspruch in doppelter Weise verstärkt: 1) kam die Ehe, von der Villani erzählt, nicht während des Exils der Ghibellinen, der Herrschaft der Welfen zu Stande, sondern zu einer Zeit, da die vertriebenen Welfen von den herrschenden Ghibellinen wieder in die Stadt aufgenommen waren; 2) hat sie nicht den ersten Anlass zu einer Verständigung gegeben, sondern dieselbe abgeschlossen, dann aber zugleich den Keim zu einem neuen Zerwürfniss gelegt[2]). Und dieses führte in kürzester Zeit dahin, dass die Ghibellinen von den jüngst erst wieder eingelassenen Welfen vertrieben wurden.

Ich denke, wir können den angenommenen Widerspruch mit Villani, den Hegel zu heben sucht, getrost wieder als Thatsache betrachten; er ist nicht scheinbar, er ist wirklich, er ist verdoppelt. Welches Jahr Dino nun im Auge hat, ist eine nebensächliche Frage, — mit dem gut beglaubigten Jahr 1267 lässt sich seine Angabe nicht in Einklang bringen.

---

[1]) Die früher benutzte Ausgabe von Dragomanni ist hier nicht vorhanden; ich folge dem Octavabdruck der Muratorischen Ausgabe, der 1802 zu Mailand erschien.

[2]) — per li quali parentadi li altri Guelfi di Firenze li ebbono tutti a sospetto a parte. E per la detta cagione poco durò la pace etc.

Dino I. 11 erzählt: 1) gute Bürger hätten das Volk gestärkt, und zwar „mit Hülfe des Giano della Bella, der am 15. Februar 1293 in die Signorie der Prioren eintrat, und seiner Genossen; 2) und ihrem Amte, nämlich dem Priorate, fügten sie den Gonfaloniere hinzu; 3) und sie machten Gesetze, welche man die Ordnungen der Gerechtigkeit nannte." Dagegen hatte ich bemerkt, dass die neue Verfassung am 18. Januar 1293 zum Abschlusse gekommen sei, dass schon am 14. Februar ein Goufaloniere gewählt ward. Hegel selbst gesteht zu, der Autor scheine in der That die Neuordnung in das Priorat vom 15. Februar zu setzen. „Allein ausdrücklich", fährt er fort, „sagt Dino dies doch nicht." Er meint wohl, um es ausdrücklich zu sagen, müsse auch im zweiten und dann nochmals im dritten Satze gesagt werden: „Mit Hülfe Giano's della Bella und seiner Collegen." Noch weniger bedeutet der folgende Einwand, Dino könne nicht wohl meinen, dass die Verfassung erst unter dem Priorate vom 15. Februar entstanden sei, „da ja die Wahl des Gonfaloniere selbst schon nach den neuen Ordnungen stattfand und das neue Amt eben zur Ausführung derselben bestimmt war". Nach dem Wortlaute des oben angeführten Satzes scheint Dino durchaus anzunehmen, dass die Verfassung und damit auch das Gonfaloneriat unter Beihülfe der Prioren vom 15. Februar in's Leben getreten seien; und auf Dino's eigentliche Meinung kommt es an: man wird aus den wirklichen Verhältnissen, die nach meiner Ausführung die Chronologie Dino's Lügen strafen, doch unter keinen Umständen folgern dürfen: „Dino's Angaben widersprechen der Wirklichkeit, also muss er Anderes gemeint haben, als er sagt." Das aber ist Hegel's Gedankengang. Wenn unser Kritiker endlich noch anführt: „Ausserdem ist doch soviel richtig, dass unter dem Priorat vom 15. Februar neue Artikel hinzugefügt wurden," so ist schwerlich abzusehen, wie die falsche Datirung der Hauptsache durch eine gar nicht erwähnte Nebensache zu beseitigen sei.

I. 20 beginnt: La città, retta con poca giustizia, cadde in *nuovo* pericolo, perchè i cittadini si *cominciorono* a dividere.

Die zuletzt vorausgegangene Gefahr fiel in das Jahr 1299. Wenn Dino nun von einer *neuen* Gefahr redet, wenn er dieselbe durch einen *Anfang* von Parteistreitigkeiten begründet, so gehören die Beispiele, welche die neue Gefahr, den Anfang des Zwistes erläutern sollen, ganz gewiss nicht vor das Jahr 1299[1]. Hegel behauptet es: Paolino Pieri erzähle schon von ähnlichen Fällen zu 1297. Aber Paolino's Zeitrechnung wird doch die von Dino gegebenen Anhaltspunkte, die ich soeben betonte, nicht zu ändern vermögen, und ich darf, ich muss die Zeit nach 1299 für die bezüglichen Thatsachen festhalten. Darunter findet sich nun ein Streit, der bei einem Leichenbegängnisse im Hause Frescobaldi stattfand. Villani erzählt denselben zu 1300, und nach Obigem steht Dino mit ihm nicht im Widerspruche. Dagegen setzt Paolino Pieri die Begebenheit in die zweite Hälfte des Jahres 1297. Und wenn ich früher meinte, dem unmittelbaren Zeitgenossen dürfe man wohl vertrauen, so kann ich jetzt noch ein besonderes Moment zu Paolino's Gunsten hinzufügen. Am 17. Januar 1297, nach unserer Rechnung 1298, wurde allen in offener Feindschaft lebenden Magnaten verboten, ohne besondere Erlaubniss der Prioren irgendwelcher Einladung pro aliquo defuncto vel ad exequias alicuius defuncti Folge zu leisten[2]. Unzweifelhaft sind die Händel, welche beim Begräbniss der Donna Frescobaldi zum Ausbruche kamen, die Veranlassung obigen Beschlusses gewesen.

Geringe Bedeutung haben für Hegel eine Reihe unrichtiger Zeitangaben, deren sich mehr oder weniger überall finden. Er kann sich namentlich nicht darüber wundern, dass Dino die Kaiserkrönung Heinrich's VII. anstatt zum 29. Juni 1312 zum 1. August setze. Wäre der Fehler auffallend, meint Hegel, so müsse man in gleicher Weise über Villani und Wilhelm Ventura

---

[1] Ich kann daher nur zustimmen, wenn del Lungo S. 5 den betreffenden Abschnitt mit „Januar-Juli 1300" bezeichnet.
[2] Gaye Carteggio inedito d' artisti I. 433. Dagegen scheint die Begebenheit in den verwirrten Randnoten, durch welche uns allein einige Bruchstücke der angeblichen Chronik Brunetto Latini's erhalten sind, zum Dezember 1296 gesetzt zu sein.

erstaunt sein, denn auch sie hätten das Ereigniss zum 1. August gesetzt, obwohl doch auch sie „Zeitgenossen" seien. Hegel's Einwand könnte nur dann gegen mich erhoben werden, wenn der Parallelismus vollständig wäre. Das aber ist durchaus nicht der Fall. Denn Dino will eben in demselben Jahre, worauf sich sein Irrthum bezieht, sein Werk verfasst haben: von Villani und Ventura gilt gewiss nicht, dass sie das falsche Datum gerade im Jahre 1312 niederschrieben: Ventura legte die Feder nach 1325 nieder, Villani schloss seine Chronik noch viel später. Ersts dann könnte ich Hegel eher zustimmen, wenn er in Ventura' Werk etwa zum Jahre 1324, in Villani's zum Jahre 1345 einen gleich charakteristischen Fehler nachwiese. Und selbst dann würde ich noch nicht das volle Recht haben, mich auf seine Seite zu stellen. Dazu bedürfte es einer weiteren Parallele für andere nicht minder böse Sünden, wie da sind: dass Heinrich VII. statt am 6. Januar 1311, am 25. Dezember 1310 zum Könige von Italien gekrönt sei, dass er seinem Eide gemäss im August, nicht im Oktober 1310, die Berge überstiegen habe, dass der berühmte Corso Donati, über dessen Ende Dino sogar eigene Forschungen angestellt haben will[1]), am 15. September 1307 getödtet sei, indess er doch am 6. Oktober 1308 fiel[2]) u. s. w.

Soviel über die Widersprüche, welche Hegel mit Hinsicht auf die chronologischen Bestimmungen erhebt. Ihnen gegenüber stehen nun mehrere Zugeständnisse, welche mir um so werthvoller sind, als sie sich gerade auf die wichtigsten meiner chronologischen Argumente beziehen. Rückhaltlos erkennt Hegel an, dass ein Zeitgenosse den Dichter Guido Cavalcanti zum Jahre 1300

---

[1]) — e io volendo ricercare il vero, diligentemente cercai etc.
[2]) Nach den noch ungedruckten Fragmenten der Gesta Florentinorum. Vgl. O. Hartwich in der Jenaer Literaturzeit. 1875. S. 560. Dass aber dieses Datum richtig sei, zeigt eine Akte vom 4. November 1308. Darin heisst es: facta fuit provisio in favorem detentorum et accusatorum de rumore habito in civitate Florentiae die VI. Octobris. Archivio storico Nuova serie VI^a. 8.

keinen Jüngling mehr genannt haben könne[1]); er hat selbst die Versuche, Dino's Angabe „mit den sicheren Lebensnachrichten von Guido Cavalcanti in Einklang zu bringen", als vergebene Liebesmühe erwiesen. Zuletzt bleibt ihm Nichts übrig, „als mit der gegen die Chronik geübten Kritik hier die Fälschung anzuerkennen"[2]). Etwas anders verhält er sich zu Dino's Angabe, dass Karl von Valois, der zunächst seinen Einzug auf den 1. November angesetzt habe, nun wegen des neuen Weines, den Florenz am 1. zu trinken pflege, drei Tage später gekommen sei. Es verdriesst Hegel, dass Grion und ich[3]), die wir in unwiderleglicher Weise das Fest Allerheiligen, den 1., als Tag des Einzuges erwiesen haben[4]), mit dem armen Dino unseren berechtigten Spott treiben; aber hier ist einmal kein Ausweg zu finden. Das Natürlichste wäre nun die Fälschung unumwunden zuzugestehen; — Hegel zieht indess vor, seinen Lesern den Fehler des Chronisten „als ungelöstes Räthsel" zu überlassen. Dafür wird dann aber wieder anerkannt, dass die falschen Daten über eine Gesandtschaft Ludwig's von Savoyen unmöglich von dem angeblichen Chronisten herrühren können[5]). Unter abermaliger Zurückweisung nichtiger Ausflüchte bestätigt Hegel, dass Ludwig im Jahre 1310, nicht aber 1312 eine Gesandtschaft nach Florenz übernommen habe, dass Betto Brunelleschi, der sich bei dieser Gelegenheit so übermüthig betragen haben soll, schon längst im Grabe moderte[6]). „Unmöglich kann Dino, der mitlebende Zeit-

---

[1]) Vgl. Florent. Studien 129. 130.

[2]) Einen Augenblick erwägt er dabei allerdings die Möglichkeit, ob man den Vorgang, bei welchem Guido ein Jüngling genannt wird, nicht etwa um 20 Jahre zurückversetzen könne!

[3]) Florent. Studien 143 auf Grund der Angaben Villani's, Paolino Pieri's, des Florentiner Kämmereibuches, dann noch einer Urkunde, auf welche aufmerksam gemacht zu haben, wie ich Seite 143 Anm. 3 schon hervorhob, das Verdienst von Grion ist. La cronaca Dino Compagni 31.

[4]) Zu den früheren Beweisen füge ich noch hinzu: 1301 die primo Novembris Carolus frater regis Franciae — intravit Florentiam. Annal. Caesenat. ap. Muratori XI. 1123.

[5]) Florent. Studien 191—195.

[6]) Florent. Studien 195 Anm. 2. Dazu gab mir Herr Assessor Wüsten-

genosse in Florenz, der seine Chronik vor dem Herbste 1312 beendigte, dies geschrieben haben."

1 b) Nach solchen Zugeständnissen wendet mein Kritiker sich von der Chronologie zu den *Thatsachen*. Deren erste ist der Friede des Kardinals Latinus.

Dino berichtet, dass der Kardinal die Familie Uberti aus der Stadt verwiesen, ihr aber eine Geldunterstützung von Seiten der Comune ausbedungen habe, „eine grössere für die Ritter, eine geringere für die Uebrigen," dass die herrschende Partei aber schon bald die Zahlungen verweigert habe. Gegen diese Erzählung machte ich unter Anderem geltend: der Haupt-, wie alle Einzelfrieden, welche Latinus zu Stande brachte, liegen uns in genügenden Auszügen vor, jener Bestimmung aber, die dann zu weiteren Verwicklungen geführt haben soll, wird darin auch mit keinem Worte gedacht. Hegel meint nun, es könne sich ja um einen heute verlorenen Zusatzartikel des Friedens handeln.

Ich muss hier meine frühere Darlegung [1]) etwas ausführlicher beleuchten, als Hegel S. 35 es gethan hat.

Der Friede des Latinus steht an drei Stellen mit Dino's Erzählung in Widerspruch. 1) hat der Kardinal nicht blos Welfen mit Welfen, und Ghibellinen mit Welfen versöhnt, sondern auch

---

feld folgende interessante Notizen: „Am 24. Februar 1311 schreiben die Florentiner an die Stadt Perugia, das schlimme Ereigniss, welches sich neulich im Hause Brunelleschi's zugetragen habe, erheische die Rückkehr seines Sohnes, des dermaligen Podestà von Perugia; sie bitten daher, ihn mit einem ehrbaren Gefolge nach Florenz zurückkehren zu lassen." Ungedruckt im Florent. Staatsarchiv. Als weitere Bestätigung dient eine Urkunde bei Fineschi Memorie istoriche, che possono servire alle vite degli uomini illustri di S. Maria Novella I. 334: „Ao. 1312 ind. 9 die 22 Martii. Genannte haben am 5. März geschworen, quod in camera, ubi jacebat infirmus nobilis miles dom. Bettus de Brunelleschis, fuerunt praesentes, als derselbe sein Testament machte." Weiter heisst es: „Domina Mea, vidua dom. Betti de Brunelleschis etc. dixit, quod *die veneris 5 mensis Martii* dom. Bettus graviter egrotans commisit etc." Das Jahr 1312 ist verschrieben: die indictio 9 verlangt 1311, und 1312 war der 5. März ein Sonntag, 1311 dagegen ein Freitag.

[1]) S. 52—59.

Ghibellinen mit Ghibellinen; 2) hat nicht er der Stadt eine neue Verfassung gegeben, sondern Podestà, Capitain und je sechs Männer der beiden Parteien; 3) haben diese gewiss, ihrem Auftrage gemäss, nicht blos aus ihrer Mitte die städtischen Beamten gewählt, sondern auch aus den Neutralen: die Regierung übernahmen doch nicht 8 Welfen und 6 Ghibellinen, sondern 6 Welfen und 6 Ghibellinen und 2 Neutrale[1]). In diesen Irrthümern stimmt Dino nun aber so genau mit Villani überein, dass Hegel S. 65 zugesteht: „Die Abhängigkeit des einen Chronisten von dem anderen lässt sich in diesem Falle kaum bestreiten." Wer der Abschreiber sei, kann uns nicht mehr zweifelhaft sein. Damit derselbe noch besser erkannt werde, will ich daran erinnern, dass Dino den Frieden des Latinus mit der früher erwähnten Ehe Guido Cavalcanti's einleitet, mit jener Ehe, die nach Villani ein Schlussstein der Versöhnung von 1267 war. Und der so unrichtige Widerspruch Dino's, der sich einerseits mit weiteren Widersprüchen verbindet[2]), andererseits aber doch in sehr änliche Worte gekleidet ist[3]), lässt die Absichtlichkeit nur zu gut erkennen, die Fehler Villani's sind also übernommen, seine richtige Angabe ist verdreht worden[4]).

Unter diesem Gesichtspunkte darf ich die Annahme, dass

---

[1]) So ist das Verhältniss denn auch in der alten Darstellung Governo di Firenze dal 1250 al 1290 aufgefasst. San Luigi Delizie IX. 260.

[2]) S. oben S. 15.

[3]) Dino I. 3: Buonaccorso degli Adimari a uno suo figliuolo cavaliere, detto messer Forese, diè per moglie una figliuola del conte Guido Novello. Villani VII. 15: messer Bonaccorso Bellincione degli Adimari diede per moglie a messer Forese suo figliuolo la figliuola del conte Guido Novello, e messer Bindo suo fratello tolse una degli Ubaldini.

[4]) Damit mag jedoch bestehen, dass der angebliche Dino das viele Seiten lange Aktenstück einmal mit den Blicken durchflogen hat: I. 3 erzählt er: Le quali leggi e patti e promesse fe scrivere tra le leggi municipali della città, und diese Angabe, welche ich in Villani's Chronik nicht finde, wird durch die vorliegenden Auszüge des Friedens bestätigt: — si prescrive inoltre, che il commune approvi la sentenza suddetta, e la faccia scrivere parola a parola negli Statuti. S. den mir früher entgangenen und auch von Hegel nicht nachgetragenen Satz im Giornale storico degli archivi Toscani IV. 4.

der erhaltene Friede einen uns verlorenen Zusatzartikel erhalten habe, wohl eher als ein gefährdendes Wagniss, denn als eine Rettung bezeichnen.

Die Schilderung des Krieges von 1289 ruft auch bei Hegel, S. 35 flgg., manche Bedenken hervor; einige lässt er „der Kürze wegen" bei Seite, die folgenden sucht er zu heben.

Als Ursache des Krieges bezeichnet Dino I. 7 una differenza tra vescovo d'Arezzo e' Sanesi per uno suo castello, (che) gli avean tolto. Wie ich aber zeigte[1]), gehörte Poggio S. Cicilia, wie das Castell hiess, schon seit vielen Jahren zum Gebiete von Siena, und nicht Siena hatte es dem Bischofe genommen, sondern der Bischof hatte es zur Empörung gegen Siena verführt. Ganz wohl, meint Hegel, gerade dadurch habe er das Castell, wenn auch nur für kurze Zeit, in seinen Besitz gebracht: „richtig ist doch, dass dasselbe vorübergehend dem Bischofe gehörte." Gesetzt diese Auslegung sei nicht so verkehrt, wie sie ist, konnte Dino dann eine Burg, die der Bischof den Sanesen genommen hat, die nun der Stadt etwa sechs Monate lang entzogen bleibt, eine Besitzung des Bischofs nennen: „uno suo castello"? Aber es ist nicht einmal richtig, dass der Bischof Santa Cicilia auch nur einen Augenblick besessen. Der Sachverhalt ist: Die Ghibellinen von Siena hatten, mit Unterstützung des Bischofs von Arezzo, das Castell ihren welfischen Mitbürgern entrissen; nicht der Bischof, sondern die Ghibellinen von Siena haben es nun vom November 1285 bis April 1286 beherrscht. Während dieser Zeit wurden sie von den Welfen Siena's belagert; vergebens suchte der Bischof seinen Freunden Entsatz zu bringen; sie mussten sich der welfischen Uebermacht ergeben[2]).

Die Angabe Villani's steht, wie ich hervorhob, in scharfem

---

[1]) Florent. Studien 62 Anm. 1.

[2]) Cronaca Sanese ap. Muratori XV. 39. Diese sehr gute Quelle hätte wohl verdient, ausführlicher behandelt zu werden, als in der sonst fleissigen Arbeit von D. König Kritische Erörterungen zu einigen ital. Quellen S. 27 geschehen ist.

Gegensatze zu Dino's: uno suo castello. Villani erzählt vielmehr: fece il vescovo d' Arezzo rubellare incontro a' Sanesi uno forte castello. Und ähnlich verhält es sich mit der Behauptung Dino's, der Feldherr der Florentiner sei gewesen giovane e bellissimo del corpo, ma non molto sperto in fatti d'arme. Villani hatte ihn dagegen geschildert: prode e savio in guerra; und die allernächste Folge hat die Richtigkeit dieses Urtheils bestätigt. Ob dieser Widerspruch nun so oder so zu erklären ist[1]), scheint mir für die Beurtheilung der Thatsache wenig zu bedeuten.

Ein dritter Punkt in Hegel's Kritik des Aretiner Krieges betrifft die Frage, ob ein schlichter Zunftmeister auch Ritter schlagen könnte. Hegel entgegnet mir, dass jener Dino Pecora, der nach unserem Autor den Messer Durazzo zum Ritter gemacht haben soll, zugleich Prior gewesen sei, also im Namen der Signorie gehandelt habe. Dies von mir übersehene Faktum widerlege meine Forderung, dass der zum Ritter Schlagende wenigstens selbst Ritter sei. Einmal ist das Faktum von mir durchaus nicht übersehen, dann scheint es mir mein Bedenken auch in keiner Weise zu beseitigen. Zu dem Zwecke müsste der Beweis geführt werden, dass jemals ein Prior, d. h. ein Mann, der selbst kein Ritter sein durfte[2]), den Ritterschlag ertheilt habe. Wenn wir so oft von cavalieri di popolo lesen, so ist die Ertheilung dieser Würde doch am Natürlichsten in der Weise zu erklären, dass die Signorie der Prioren die Verleihung beschloss und der Capitano del popolo als Ritter dieselbe vollzog.

Doch ich muss die Frage der Entscheidung Kundigerer überlassen. Es möge mir nur noch gestattet sein, jene anderen Bedenken, auf welche Hegel „der Kürze wegen" nicht eingehen wollte, der Wichtigkeit wegen doch in Etwas zu beleuchten. 1) kennt Dino eine Reihe zum Theile recht unbedeutender Ein-

---

[1]) Mit dieser doch ganz nebensächlichen Erklärung hat Hegel S. 37 sich befasst.

[2]) Freilich erst nach Einführung der Ordinamenta von 1293. Da aber Dino Pecora noch 1298, also auf Grund der Ordinamenta, zum Prior gewählt wurde, — cf. San Luigi Delizie VIII. 83 — so ist er offenbar kein Ritter gewesen.

zelheiten, für welche uns jeder Beleg fehlt; dagegen haben wir Nachrichten über viel wichtigere Dinge, von denen Dino, der damalige Prior, keine Ahnung zu haben scheint. Z. B. berichtet nur Dino, dass Malpiglio Cicione 25 Ritter gestellt habe: aus einer Urkunde, nicht von Dino, wissen wir, dass Graf Manento von Sarteano mit der doppelten Anzahl kam, dass sein Bruder Conetable des Florentiner Heeres war; wie nur Dino bemerkt, verstärkte Mangiadore von San Miniato die Streitmacht um 50 Ritter; dass derselbe die Hülfstruppen Siena's, d. h. 120 Ritter befehligte, erfahren wir erst aus einer Urkunde; allein unser Dino weiss, dass in der Schlacht ein noch von keinem Genealogen nachgewiesener Loccio von Montefeltro gefallen sei; nur er bemerkt, dass nach dem Ende der Schlacht auch der ganz unbedeutende Talamo Adimari mit den Seinen heimgekehrt sei: dagegen erfahren wir wieder nur aus officiellen Akten, dass den Prioren, zu denen der wahre Dino damals gehörte, unmittelbar nach ihrem Amtsantritte die Wahl der Heerführer übertragen wurde, dass dieselben Prioren gleich nach der Schlacht den Befehl erliessen, es solle nun ohne Verzug auf Arezzo losgestürmt werden u. s. w. — 2) sind jene Widersprüche zwischen Dino und Villani, die in der Begründung des Krieges und dem Urtheile über den Feldherrn der Florentiner vorliegen, keineswegs die einzigen geblieben. So hat Dino z. B. die nach der Schlacht unternommenen Thaten in folgender Ordnung vorgeführt: Eroberung von Castiglione, Laterina, Civitella, Rondine, dann Zug gegen Arezzo, zuletzt Einnahme von Bibiena. Dagegen Villani: Einnahme von Bibiena, dann Zug gegen Arezzo, Eroberung von Castiglione, Montecchio, Rondine, Civitella, Laterina, San Savino. Also ist die Reihenfolge geradezu umgekehrt. Wer Recht hat, unterliegt keinem Zweifel: von Campaldino ging man aus, und zwischen Campaldino und Arezzo liegt Bibiena. Mit Villani stimmt denn auch die Erzählung Paolino Pieri's[1]). — 3) herrscht in Villani's und Dino's Darstellung neben allen Widersprüchen doch zuweilen eine recht auffallende Harmonie. An einer andern

---

[1]) ed. **Adami** 48.

Stelle meint Hegel selbst[1]) die Art und Weise, wie Dino und Villani nach dem Siege fortfahren, als eine merkwürdige Uebereinstimmung hervorheben zu sollen, dagegen ist er hier der Ansicht, dass sich in der ganzen Erzählung aber auch nicht die mindeste Spur einer Beziehung zwischen Dino und Villani erkennen lasse. Aber wenn ein nicht gerade rettungssüchtiger Leser auf kaum einer halben Seite folgende Parallelstellen zusammenfindet: e molte ne fecione disfare — e alcune se ne disfece, dann: e andaronvi due de' priori — e andarono in quello oste due de' priori, weiter: e fecionvi correre il palio per la festa di San Giovanni — il dì di San Giovanni fecione correre un palio, endlich: feciono disfare le mure — desfeciono le mure; wenn ihm zu dem Anderen, worüber ich in meiner früheren Arbeit gehandelt habe, nicht auch der schöne Gleichklang entgangen ist: fedì i nimici per costa — fedio i nimici per costa, — alsdann möchte er für Hegel's Meinung, dass in Dino's Darstellung der Aretiner Kriege aber auch nirgends ein verdächtiger Zusammenhang mit Villani zu entdecken sei, schwerlich noch ein Wort der Vertheidigung einlegen. Ich denke: hier bleibt die Behauptung meines Kritikers eine Stimme in der Wüste.

Ich wende mich zu den Ordnungen der Gerechtigkeit, betreffs deren mir Hegel, wie es von dem Geschichtschreiber der italienischen Städteverfassung zu erwarten, reiche Belehrung gewährte. Auch standen ihm an dieser Stelle mehrere Notizen aus handschriftlichen Statuten zur Verfügung; und da ich meine Darlegung aus solcher Kenntniss, mit solchem Material geprüft sehe, werde ich allerdings zugestehen müssen, dass ich mein Urtheil über — nun über eine einzige Angabe, durch welche Dino die Ordnungen der Gerechtigkeit erläutert, nicht ganz in der früheren Schärfe aufrecht erhalten kann.

Wie Hegel S. 40 zeigt, wird das Wort „consolo" auch noch nach Einführung der Ordinamenta gebraucht; aber ich glaube dennoch behaupten zu dürfen, dass der vor 1293 allein vorkommende

---

[1]) S. 53. Doch gerade hier, wie ich später zeigen werde, ganz mit Unrecht.

Titel consolo nach 1293 eine nur sehr vereinzelte Erscheinung ist. Es liegen uns aus den Jahren 1293 bis 1303 ungefähr 25 Rathsbeschlüsse vor[1]), und hier nun finden wir gegen 55 Mal das Wort „capitudo", aber nur zwei Mal das gleichbedeutende „consolo"[2]). Und ganz dem Gebrauche entsprechend, hat denn auch der wahre Dino einmal folgenden Rath ertheilt: Quelibet capitudo eligat unum per sextum[3]); der allgemeinen Gewohnheit entgegen, bedient sich der Chronist des Wortes „consolo", — eines Wortes, von welchem ich zeigte, dass es in einer späteren Zeit das um 1300 üblichere „capitudo" wieder völlig verdrängt hat[4]).

Ein anderes Wort, das nach meinem Dafürhalten im Munde eines Trecentisten auffallen müsste, ist „fanti" anstatt des statutenmässigen „pedites ex popularibus". Von den 1000 freien Bürgern, die dem Gonfaloniere zugelost werden sollten, heisst es bei Villani ganz richtig: mille cittadini partiti per sesti. Nun aber nennt Dino I. 11 die städtische Miliz „fanti", d. h. Knechte. Mit fanti giebt denn auch die italienische Uebersetzung der Ordinamente die an anderer Stelle genannten famuli des lateinischen Originals wieder[5]).

Auf dieses Wort geht Hegel nicht ein; dafür zeigt er, dass die Bezeichnung „arroti" schon in den Statuten von 1322 und 1415 sich findet. Ich selbst habe aber die frühere Erwähnung der „arroti" keineswegs geleugnet[6]); vielmehr verwies ich auf

---

[1]) Archivio storico Nuova serie I*. 79—92. Serie terza XVI. 14—16.
[2]) Beide Mal ist es der alte Pazzino Peruzzi, der sich des Wortes bedient, und zwar im Februar und Juni 1293, also in den nächsten Monaten nach Einführung der Ordinamenta; aber schon im Oktober 1293 sagt auch Pazzino: capitudo. Archivio storico Nuova Serie I*. 84. 87. 88.
[3]) Archivio l. c. 88. Serie terza XVI. 14. 15.
[4]) C. Paoli hat mir, weil ich zwischen Consul und Capitudo keinen Unterschied mache, eine „grosse Verwirrung der Ideen" vorgeworfen. Dieses leichtfertige Urtheil habe ich in der Zeitschr. Borghini I. 177—181 mit dem besten Grunde zurückgewiesen. Es versteht sich von selbst, dass auch nach Hegel Consul und Capitudo nur zwei Bezeichnungen für Einen Begriff sind.
[5]) Emiliani-Giudice Storia politica dei municipi Italiani III. 329.
[6]) Aber gewöhnlich sagt man doch „richiesti"; vgl. z. B. den alten Aufsatz Governo di Firenze dal 1280 al 1292. San Luigi Delizie IX. 256—269.

Villani VII. 79: L'elezione del detto ufizio si facea per gli priori vecchi colle capitudini delle 12 arti maggiori e *con certi arroti*. Indem ich nun entwickelte, dass dieser Bericht Villani's, der über die Wahl der Prioren handelt, an dem gleichen Mangel leide, woran die auf denselben Gegenstand bezügliche Notiz Dino's: E ordinarono che i signori vecchi *con certi arroti* avessono a eleggere i nuovi; so schien mir neben der materiellen Uebereinstimmung die formelle um so auffallender. Diese doppelte Beziehung übergeht Hegel; vor Allem aber möchte ich wünschen, er hätte zu dem Worte arroti, das er S. 39 heraushebt, auch noch die Worte con certi gesetzt.

Im Uebrigen sind wir über Dino's Wahlbericht ganz derselben Ansicht: auch Hegel nennt ihn ungenau und unvollständig. Ein Zugeständniss, welches um so schwerer wiegt, als der wahre Dino, wie uns die erhaltenen Protocolle beweisen[1]), sehr wohl über den Wahlmodus unterrichtet war.

Ebenso einig sind wir in der Verwerfung des von Dino aufgestellten Satzes, dass nach den Ordnungen der Gerechtigkeit jede Familie, welcher Ritter angehört hätten, zu den Granden gerechnet werden sollten. Wegen der Granden werden die Ordinamenta erlassen; in der Reihe der höchsten Beamten, welche dieselben ausführen sollen, ist Dino der dritte, und da giebt er eine Definition von Granden, die „sicher in dieser Allgemeinheit falsch ist!"[2])

Ein Grande, sagt Dino, könne weder Prior, noch Gonfaloniere werden, und da er nun erklärt hat: che qualunque famiglia avesse avuti cavalieri tra loro, tutti si intendessono essere Grandi, so hätte natürlich auch kein Ritterbürtiger zum Prior oder Gonfaloniere gewählt werden können. Dennoch wissen wir, dass das Gegentheil der Fall war[3]). Dieser Thatsache widerspricht auch Hegel nicht, aber er meint nun — wenn anders ich ihn recht

---

[1]) Archivio storico Nuova serie Iª. 88. Serie terza XVI. 14. 15.
[2]) Hegel S. 38.
[3]) Z. B. bei den auch von Dino genannten Andreas und Aldobrandino da Cerreto, deren Vater ein Ritter gewesen war. Das berühmteste Beispiel aber bietet Dante.

verstanden habe, — von der falschen Definition Dino's müsse man absehen; man brauche nur die Magnaten in dem wahren, nicht in dem Dino'schen Begriffe zu fassen, dann stimme Dino's Satz, ein Grande könne weder Prior noch Gonfaloniere werden!

Indem ich über eine so eigenthümliche Zumuthung hinweggehe, freue ich mich der schönen Bemerkung, welche Hegel S. 41 an einen andern Satz Dino's geknüpft hat. Wieder mit Hülfe seiner handschriftlichen Notizen führt er den Beweis, dass die Vorsteher der Gewerke, welche innerhalb der Zünfte ihre eigenen Abtheilungen bildeten, nicht consules, sondern rectores genannt werden, dass also Dino's Behauptung: (i mestieri) avoano tutti consoli, „sicher falsch" sei. Aber gleich hier eröffnet uns Hegel die Aussicht, dass Dino's Chronik aus ihrer harten Bedrängniss doch noch zu retten sei. Entweder müsse man sie aufgeben, oder es bleibe Nichts übrig, als die angeführten Worte „für einen übel angebrachten Zusatz des Copisten zu erklären".

Ich will meinen Lesern diese schöne Aussicht vor der Hand nicht trüben; ich möchte hier nur noch bemerken, dass zu den erörterten Unrichtigkeiten, die nur an einer Stelle sich mit Villani's Angaben decken, manches Richtige hinzukommt, dass dieses aber fast wörtlich mit 'Villani stimmt. Doch erst später werde ich darauf eingehen dürfen: der Gang der Hegel'schen Forschung erlaubt mir nicht, die angedeutete, höchst verdächtigende Thatsache schon jetzt zu beleuchten [1]).

Hegel wendet sich zur ersten Ausübung der Ordinamente. Da dieselbe aber die Person Dino's betrifft, so wurde sie von mir schon in einem früheren Abschnitte besprochen. Wir sahen, dass nicht Dino Compagni, wie er doch selbst erzählt hat, die ersten Häuser zerstörte, sondern Baldo de' Ruffoli, dass die erste Execution nicht die Galigai traf, sondern die Galli, dass Dino sich einer grossen Verletzung der Gesetze schuldig gemacht hätte, wenn er seiner Behauptung gemäss nicht blos die Häuser des

---

[1]) Ausser den erörterten Punkten wird S. 41 noch die „balia" der Consuln besprochen. Ich werde in einem anderen Zusammenhange darauf zurückkommen.

Uebelthäters, sondern auch seiner Geschlechtsgenossen zerstört hätte, dass demgemäss seine Motivirung, er sei nach Laut der Gesetze auch gegen die Geschlechtsgenossen vorgegangen, eine krasse Unwahrheit ist[1]). Das sind Momente, welche schwerlich Jemand für geeignet erachten möchte, uns die eben eröffnete, noch in Nebel gehüllte Aussicht auf Errettung mehr zu klären. Vielleicht ergeht es uns an einer andern Stelle besser.

Dino I. 19 erzählt eine gräuliche Geschichte, die sich 1299 mit dem Podestà Messer Monfiorito aus *Padua* zugetragen haben soll. Monfiorito schmachtet im Gefängniss, vergebens haben sich die *Paduaner* für ihn verwandt. Nun ist aber gewiss, dass der Aermste aus Treviso stammt[2]). Der sich wiederholende Irrthum Dino's wird um so auffallender, wenn man die Grösse des an Monfiorito sich knüpfenden Skandals erwägt. Darum ist auch Hegel S. 45 bemüht, die Herkunft aus Padua, die Verwendung der Paduaner zu erklären. Nachdem er bemerkt hat, dass Monfiorito sich erst 1320 mit der Stadt Treviso aussöhnte, führt Hegel fort: „Vermuthlich gehörte er zu den durch den „guten" Gerhard von Camino Vertriebenen, als dieser sich im Jahre 1283 der Herrschaft von Treviso bemächtigte, und fand mit anderen Guelfen in Padua, dem Haupte der Guelfen in jener Gegend, Aufnahme und eine neue Heimath. Natürlich hat sich nicht der Herr von Treviso für den gefangenen Monfiorito bemüht, so lange er ein Feind der Stadt war." Hegel denkt sich also den Gerhard von Camino als Ghibellinen, Padua als seine Gegnerin, und meint von Monfiorito, dass derselbe schon 1283 aus Treviso verbannt sein müsse, weil er sich „erst 1320 mit der Stadt aussöhnte". Alles beruht auf Irrthum: 1) wurde Gerhard am 11. November 1283 eben von den Welfen zum Herrn von Treviso ausgerufen[3]); und bald darauf wurden seine ghibellinischen Gegner, an deren Spitze die Castelli standen, aus der Stadt vertrieben. Unter Gerhard's Tyrannis finden wir denn auch nur welfische Podestà in

---

[1]) S. oben S. 8—13.
[2]) Florent. Studien 119 flgg.
[3]) S. den Urkundenauszug bei Bonifaccio Istoria di Trivigi 233. Verci Marca Trivigiana III. Doc. 102.

Treviso; z. B. im Jahre 1300 den Tebaldo Brusati von Brescia[1]), der das gleiche Amt zu Florenz bekleidete, als die Ordnungen der Gerechtigkeiten in's Leben traten. Um nicht zu ermüden, verweise ich nur noch auf die Thatsache, dass Giuliano Novello, der mit Anderen die Erhebung Gerhard's bewirkt hatte[2]), im Jahre 1294 Podestà des doch gewiss nicht ghibellinischen Florenz war[3]); — 2) erscheint Gerhard stets als Freund des welfischen Padua, das seinen Gegnern sicher nicht eine „neue Heimath" bereitet hätte. Es genüge in dieser Hinsicht die Bemerkung, dass Gerhard in eben dem Jahre, da ihm die Herrschaft von Treviso übertragen wurde, zweimal als Gesandter Padua's zum Markgrafen von Este ging[4]), dass die Paduaner im Jahre 1287, als Gerhard's Tochter mit einem Grafen ihres Gebietes sich vermählte, ein herrliches Fest auf dem Stadthause veranstalteten[5]), dass sie im folgenden Jahre hofften, Gerhard und seine Stadt würde ihnen eine Bitte erfüllen „aus Liebe zu ihrem Podestà, ihren Anzianen und ganzen Gemeinde"[6]); — 3) wurde Monfiorito erst am 23. Oktober 1318 aus der Stadt vertrieben[7]), und zwar aus keinem andern Grunde, als weil er ein Anhänger der Camino's war. Mit einem Camino wird er denn auch im Jahre 1321 von der Stadt wieder zu Gnaden aufgenommen[8]).

Der Hegel'sche „Versuch", wie schön er ersonnen ist, zerfällt also in Nichts. Dino befindet sich in einem bösen Irrthum, wenn er den famosen Podestà von 1299 aus Padua kommen lässt; und

---

[1]) Verci Marca Trivigiana IV. Doc. 145.

[2]) — per la sua virtù e suo valore, favorito da Riccio Azzoni, da Artico Tempesta, *da Giuliano Novello,* da Alberto Ricco, da Buonincontro Arpo e da tutti i Guelfi, il giorno di S. Martino fatto ragunar un consiglio, — fu Gerardo — dichiarato capitan generale di Trivigi. Bonifaccio l. c. 233.

[3]) Nel 1294 in calen di Luglio fu fatto podestà messere *Giuliano Novello* da Trevigi. Paolino Pieri ed. Adami 56.

[4]) Annal. Paduani ap. Muratori Antiq. Ital. IV. 1150.

[5]) — et facta fuit curia super maiori palatio communis Paduae l. c.

[6]) Verci Marca Trivigiana III. Doc. 142.

[7]) Urkundenauszug bei Bonifaccio l. c. 293. 294.

[8]) Verci Marca Trivigiana IX. Doc. 6.

auf dieser Grundlage werden wir denn auch einer Geschichte, die mit der Bestrafung Monfiorito's in Zusammenhang steht, nicht gerade ein besonderes Vertrauen entgegenbringen dürfen. Niccola Acciaiuoli und Baldo Aguglioni, die in den Prozess verwickelt sind, begehen eine nichtswürdige Aktenfälschung. Niccola wird ergriffen und zu 3000 Lire verurtheilt, Baldo entflieht zwar, verfällt aber doch einer Strafe von 2000 Lire. So Dino. Ich machte dagegen geltend, dass Niccola schon im September 1299 wieder unter den Prioren sitzt, während er nach Dino doch erst im Mai 1299 als Betrüger entlarvt sein müsste, dass derselbe dunkle Ehrenmann im Jahre 1304 als Vertreter der Stadt an den päpstlichen Hof berufen, und zwar nicht auf Antrag eines Unkundigen, sondern jenes Kardinals von Prato, der aus eigener, wiederholter Anschauung die Florentiner Verhältnisse kannte. Und ebenso zeigte ich, dass Baldo Aguglioni schon in nächster Zeit wieder und wieder mit den höchsten Ehrenämtern betraut wurde[1]). Auf diese Daten gestützt, beschuldigte ich Dino einer schändlichen Verläumdung. Hegel meint nun den Verdacht getrost zurückweisen zu können. Denn „bei der damaligen Parteiherrschaft in Florenz, wie sie nicht blos Dino schildert, waren Einfluss und Macht nicht durch den sittlichen Werth und Massstab bedingt". Ich kann nur bedauern, dass Hegel nicht die eine oder andere Stelle mitgetheilt hat, um seine Thesis, ein im Mai erst entlarvter Fälscher könne recht wohl schon im August wieder das höchste Staatsamt bekleiden, ein Bischen wahrscheinlicher zu machen; ich bedaure es um so mehr, als ich in den Straferkenntnissen gegen Dante und seine Schicksalsgenossen lese: tamquam falsarii et baratarii nullo tempore possint habere aliquod offitium vel benefitium pro communi vel a communi.

Wie Dino II. 19 behauptet, hätten die Prioren des 7. November ihren Vorgängern, zu denen Dino selbst gehörte, bei Todesstrafe verboten, sich an irgend einem Orte zu versammeln. Nach einem Protocolle, welches eben am 7. November zur Ver-

---

[1]) Florent. Studien 123—125.

lesung kommt, haben dagegen die abtretenden Signoren sich das Versammlungsrecht gewahrt.

Hegel meint nun einerseits, dass die alten Prioren sich schmählicher Weise dazu hergegeben hätten, ihre eigene Absetzung zu beschliessen; findet es aber andererseits doch sehr begreiflich, dass die neuen Prioren sich um jenen Artikel des erwähnten Protocolls nicht weiter kümmerten, dass sie also ihren Vorgängern das „gefährliche Recht freier Versammlung" entzogen und auf Zuwiderhandlung die Todesstrafe setzten. Mit anderen Worten: man hätte in Florenz vor den Schwachen grosse Angst gehabt.

In der That, vor diesen Leuten brauchte sich selbst ein Kind nicht zu fürchten. Ihre Furchtlosigkeit haben die Schwarzen, in deren Händen damals die Gewalt war, denn auch zur Genüge bewiesen: den eben gestürzten Prioren übertrugen sie, aus der Zahl der ihnen vorgeschlagenen Männer ihre Nachfolger zu wählen: Dino selbst betheiligte sich an der Wahl Jener, die er als schlechte Bürger brandmarkt. Anstatt sie zu fürchten, bewiesen die Schwarzen ihnen also Vertrauen; und dieser Auffassung entspricht es denn auch durchaus, dass keiner der am 7. November abtretenden Prioren auf den langen Proscriptionslisten vom April und Mai 1302 gefunden wird.

Wenn ich hiernach schon der Behauptung, die neuen Prioren hätten bei Todesstrafe den alten sich zu versammeln untersagt, keinen Glauben schenken mag, so erst recht nicht unter folgender Erwägung. In vollständig legalen Formen hatten sich die abtretenden Signoren das Versammlungsrecht gewahrt. Wie alle Beschlüsse des 7. November, war auch der angezogene Paragraph zu Stande gekommen: prehabita in hiis diligenti deliberatione et consilio cum quampluribus sapientibus, und das ganze Gesetz wird erlassen: (priorum artium et vexilliferi) offitii auctoritate et vigore. Um demselben volle Rechtskraft zu geben, hat es offenbar nur der Verlesung im Rathe der Hundert bedurft, — eine Forderung, die eben durch das uns vorliegende Schriftstück erfüllt wird. So hätten also die neuen Prioren durch ihren Beschluss, den alten solle jede Zusammenkunft bei Todesstrafe untersagt sein, sich mit einem durchaus rechtskräftigen Gesetze in schreienden Widerspruch gesetzt. Und Dino, der sonst immer bereit ist, um seinen ganzen Zorn über die Schwarzen auszuschütten, sollte bei einer so ergiebigen Gelegenheit kein Wort gesprochen haben?

Gleichwohl meinte ich, der Fälscher habe die angezogene Urkunde gekannt. Eine andere in ihr ausgesprochene Thatsache, für welche keine zweite Quelle nachzuweisen war, ist von Dino verzeichnet, und da ich nun das Princip unseres Autors, nämlich den ihm vorliegenden Chroniken bald zu folgen, bald zu widersprechen, an zahlreichen Beispielen dargethan hatte, so sah ich keinen Grund, den Urkunden gegenüber ein anderes Verfahren anzunehmen; d. h. ich meinte auch hier, die Notizen des Fälschers das eine Mal auf ein entschiedenes Bedürfniss zur Verneinung, das andere Mal auf gläubige Hinnahme zurückführen zu sollen. Wenn Hegel dagegen sagt, wenigstens in diesem Falle sei es leichter, an die Echtheit der Chronik zu glauben, als solchen Beweis ihrer Unechtheit gelten zu lassen, so kann ich ihm den Vorwurf nicht ersparen, dass er dem angedeuteten, von mir wieder und wieder belegten Principe des angeblichen Dino nicht die nöthige Aufmerksamkeit geschenkt hat. Doch ich komme in anderem Zusammenhange auf diese Frage zurück; hier sei mir nur noch die Bemerkung gestattet, dass meine Annahme des beabsichtigten Widerspruches doch längst nicht Allen als eine „starke Zumuthung" erschienen ist. Z. B. bemerkt Herr Busson: „Die eigenthümliche Stellung des Fälschers zu den von ihm benutzten Vorlagen hat mir Scheffer durchaus überzeugend dargethan"[1]).

S. 50 verlässt Hegel die Erörterung der chronologischen Unrichtigkeiten oder thatsächlichen Unwahrheiten, nicht ohne seinen Lesern die Möglichkeit weiterer Rettungsversuche zu eröffnen. Aber andererseits erfreue ich mich doch des Zugeständnisses: „Allein man würde auch wieder auf andere dunkle Punkte kommen, welche mit den sonst bekannten Thatsachen in Widerspruch stehen und ungelöste Räthsel bleiben." Dahin rechnet er z. B.

---
[1]) Bonner Theolog. Literaturbl. 1875 S. 202.

die Erzählung, dass eine Heirath, welche Corso Donati mit einer Erbtochter des Messer Acerito da Gaville schloss, zu einer Entzweiung mit den Cerchi geführt habe, dass weiter die Cerreti, wie Dino zweimal behauptet, aus alten Ghibellinen schwarze Welfen geworden seien.

Von der Erbtochter des Acerito, die Corso geheirathet haben soll, bewiesen einige Urkunden, dass sie die Schwester mehrerer Brüder war[1]). Das bleibt denn auch heute noch bestehen; aber man braucht an Dino's Worten nur eine kleine Aenderung vorzunehmen, um meine Argumentation, auf welche ich übrigens gar keinen besonderen Werth gelegt habe, über den Haufen zu werfen. Nach einer Urkunde nämlich, welche mir Herr Wüstenfeld mittheilt, heirathete Corso Donati eine Tochter nicht des Messer „Acerito", wohl aber des „Ubertino" da Gaville[2]). Es bleibt nur der Zweifel, ob dieser Corso gerade der bekannte Catilina von Florenz war, wie Dino will, oder ein anderer Corso Donati: wir finden einen Corso des Andreas[3]) und einen Corso des Simon[4]). Ich habe die Frage mit meinem dürftigen Material nicht entscheiden können[5]); doch scheint der Umstand, dass der berühmte Corso sich nach Villani VIII. 116 mit einer Tochter des Ugguccione della Fagiuola vermählt hat, nicht eben sehr für Dino's Angabe zu sprechen[6]). Wie aber auch immer, — ist einmal der Schwiegervater verwechselt worden, dann kann das Gleiche auch mit dem Manne geschehen sein; und so ist gerade auf dieses Argument noch viel weniger zu geben, als ich schon ursprünglich that.

---

[1]) Florentiner Studien S. 126.

[2]) Sbaraglia Bull. fratr. minor. IV. 391. Danach hiess Corso's Frau Texa quondam Ubertini de Ubertinis. Die Ubertini aber sind von Gaville.

[3]) Eine jener Anklagen, durch welche gerade der grosse Corso 1302 seine Feinde vernichtete, erhob Cursus olim *Andree* de Donatis. San Luigi Delizie X. 104.

[4]) Cursus quondam *Symonis* de Donatis wird der Gatte in der oben angeführten Urkunde genannt.

[5]) Die Florentiner Studien entstanden in Berlin; diesen Aufsatz aber schreibe ich in Giessen, und zwar nach Auszügen, welche zu anderen Zwecken gemacht wurden.

[6]) Vgl. auch Anm. 3.

Mit vielem Nachdrucke habe ich dagegen die „altghibellinischen" Cerreti betont: sie waren ein „altwelfisches" Geschlecht. Durch eine Reihe von Urkunden, welche mit dem Jahre 1251 anheben, konnte ich die angeblich „alten Ghibellinen" als „alte Welfen" nachweisen[1]), und neue Belege haben mir dieses Ergebniss nur noch mehr bestätigt. Die falsche Bezeichnung wiegt aber um so schwerer, als Dino den hochangesehenen Cerreti persönlich sehr nahe stand.

Um nun meinerseits für die aufgegebene Erbtochter wenigstens noch einen „dunklen Punkt" hervorzuheben, so bietet sich mir Lib. I Cap. 12 dar. Dino erzählt hier, die Häuser eines Magnaten wären einmal in einer Weise zerstört, dass später ein Ersatz dafür gezahlt sei. Nun aber war Forderung und Gewährung eines Ersatzes gesetzlich eine Unmöglichkeit[2]).

---

[1]) Florent. Studien 160 figg. Zu den dort verzeichneten Urkunden füge ich nachträglich hinzu: Am 31. Juli 1255 ist Jacopo da Cerreto einer der zwei Vertreter des welfischen Florenz, welche mit Siena, der besiegten Führerin der Ghibellinen, einen Frieden schliessen. C. Paoli La battaglia di Montaperto 7. Ferner wurde 1259, als die Welfen von Florenz auszogen, um die Ghibellinen von Siena abermals zu bekämpfen, zum Ritter des Florentiner Carroccio gewählt: E sextu portae Domus: dominus Jacopus de Cerreto. Archivio storico. Serie terza I^b. 78. Wenn Jacop dann im Jahre 1266 zum Papste gesandt wird, ad petendum Florentinorum nomine absolutionis beneficium ab excommunicationum, privationum et interdicti sententiis, quibus ex eo quod dicto Manfredo contra ecclesiam adeserant aliisque (e causis) ligati noscuntur, so wird daraus wohl Niemand schliessen, dass Jacopo inzwischen Ghibelline geworden sei. Wie sich von selbst verstand, schickte Florenz dem Papste einen Boten, der sich ihm durch seine welfische Gesinnung empfahl; und dieser übernahm den Auftrag um so lieber, als er damit zugleich seinen verbannten Gesinnungsgenossen dienen konnte. In der Urkunde wird nämlich festgesetzt: quod inter intrinsechos et extrinsechos cives Florentie pax et concordia reformetur. G. Capponi Storia della republ. Fiorent. I. 550. Auch werden denn in den a. a. O. gesammelten Beispielen die Cerreti nach wie vor als Welfen gekennzeichnet: Jacopo selbst wird 1280 unter den „cavalieri aureati della massa de' Guelfi" genannt. San Luigi Delizie IX. 103.

[2]) Florent. Studien 107.

2a) Hegel wendet sich zum *Verschweigen* der Thatsachen, dann zu dem *Widerspruche*, worin mehrere Nachrichten zu einander stehen. Was die ersteren angeht, so meint er, es sei gar nicht Dino's Absicht gewesen, die Zeitgeschichte mit einer gewissen Vollständigkeit darzustellen; er habe vielmehr, wie er im Vorwort selbst ankündige, hauptsächlich „nur" die Ereignisse um das Jahr 1300 erzählen wollen. Das ist nicht ganz richtig. Vor Allem ist das hervorgehobene „nur" zu tilgen, und dann hätte doch der weitere Verlauf des Prologs Beachtung verdient. Danach wollte Dino zunächst die gefahrvollen Ereignisse, die Florenz seit vielen Jahren erduldet, ganz besonders aber um das Jahr 1300, zur Darstellung bringen. Doch seine Schwäche erwägend, liess er seine Absicht „lange Jahre" unausgeführt; erst als „die Gefahren und denkwürdigen Ereignisse sich so verdoppelten, dass sie nicht mehr zu verschweigen waren", — da geht er an die Arbeit[1]). Das heisst doch wohl: seine ursprüngliche Absicht, „die unglücklichen Ereignisse vieler Jahre zu erzählen", dabei dann besonders die Zeit um 1300 zu berücksichtigen, ist durch den Umstand, dass während der langen Frist, die zwischen Planen und Ausführen verstrich, noch so viele „Gefahren und denkwürdige Begebenheiten" hinzugekommen sind, um ein Bedeutendes erweitert worden.

Also nicht bloss die Geschichte um 1300, sondern auch späterer Jahre hat Dino erzählen wollen; wie man nach Obigem unzweifelhaft behaupten darf, hat er die Zeit etwa um 1310 ebenso wohl im Auge, als um 1300. Zu den „Gefahren und denkwürdigen Begebenheiten" aber, welche die florentinische Geschichte um 1310 aufweist, gehören nun sicherlich: die Einsetzung des Executors der Gerechtigkeit, der im März 1307 als dritter Stadtrichter dem Podestà und Volkcapitan zur Seite trat, der einen Monat währende Besuch, den König Robert von Neapel im September 1310 den Florentinern abstattete, die Amnestie vom September 1311, die kaiserliche Aechtung vom December desselben

---

[1]) — ho restato di scrivere molt' anni; tanto che, multiplicati i pericoli e gli aspetti notevoli, sì che non sono da tacere, proposi di scrivere.

Jahres¹). Und dies Alles ist von Dino mit tiefem Stillschweigen übergangen!

Hegel kann es allerdings, gerade mit Bezug auf die angeführten Thatsachen, „wohl erklärlich finden", dass ein Zeitgenosse sie überging. Mir würde Dino's Schweigen aber selbst dann noch unbegreiflich erscheinen, wenn ich mit Hegel die im Prolog ausgesprochene Absicht Dino's so völlig verkannt hätte. Denn Dinge von hervorragender Wichtigkeit, wie die angeführten, pflegt ein Zeitgenosse schon an und für sich nicht zu übergehen, vollends aber dann nicht, wenn der Zusammenhang der Erzählung gleichsam mit Nothwendigkeit auf dieselben hinführt. Das ist denn bei den obigen wenigstens zum Theile der Fall: Dino hat ganz ausführlich von dem Aufenthalte Heinrich's VII. in Genua erzählt, selbst eine Anekdote über die liebebedürftigen Deutschen wird eingeschaltet; — wie hätte da ein Zeitgenosse vergessen können, dass der König eben von Genua aus die Acht über Florenz aussprach²)? Auch der Ränke, welche Robert von Sicilien gegen Heinrich VII. schmiedet, hat Dino gedacht; er sagt von demselben, dass er während seines Aufenthaltes in der Lombardei³)

---

¹) Florent. Studien 197 flgg.

²) Derselben Art ist dann auch die Lücke in der Erzählung vom Falle Pistoja's. Florent. Studien 197.

³) Dino erzählt von Heinrich's Ankunft in der Lombardei; dann fährt er fort: „E fu molto impedito dal re Roberto, (che) era in Lombardia." Dino denkt sich also Heinrich und Robert gleichzeitig in der Lombardei. Nun hatte Heinrich am 23. Oktober die Alpen überschritten, war am 10. November in Asti angekommen u. s. w. Dagegen war Robert, da er von Avignon als gekrönter König nach Sicilien zurückkehrte, schon am 30. September in Florenz eingetroffen, und hier hat er sich bis zum 24. Oktober aufgehalten. So Villani IX. 8, dessen Angabe dadurch bestätigt wird, dass Robert am 7. Oktober eben zu Florenz eine Urkunde ausstellt, — Raynaldi 1310 §. 18. 20, — und in demselben Monate nach Siena und Perugia kam. Cron. San. ap. Muratori SS. XV. 46. Annali di Perugia Archivio stor. XVIª. 61. Man sieht also, dass Heinrich und Robert nicht einen Tag lang gleichzeitig in der Lombardei verweilten. Der Irrthum ist aber um so verhängnissvoller für den Florentiner, als König Robert, wie wir sahen, um die fragliche Zeit sich gerade in Florenz aufgehalten hat.

den Deutschen „viel in den Weg gelegt habe"; und da sollte es ein Zeitgenosse sein, welcher mit keinem Worte erwähnt, dass Robert in der offenbaren Absicht, neue Intriguen gegen Deutschland zu spinnen, einen Monat lang in seiner Vaterstadt weilte?

Um jedoch zu Hegel's Erörterungen zurückzukehren, so findet er das Schweigen eines Zeitgenossen wohl noch erklärlicher, als dass „ein späterer Fälscher, der die Quellen der Zeitgeschichte kannte und sie mit vieler Kenntniss und nicht geringer Geschicklichkeit benutzte, jene wichtigen Thatsachen unerwähnt gelassen haben sollte". Ich bin wieder anderer Ansicht; ich könnte mir das Schweigen eines Fälschers doch recht gut erklären. Z. B. ein geistvoller Mann, mehr Literat, als Historiker, der in manchem Geschichtswerke blätterte, aber nach seiner Art Nichts gründlich studirte, will seiner Lust am Truge einmal aus Herzensgrund fröhnen: und zwar soll eine Chronik erdichtet werden. Da wird er gewiss im Allgemeinen sich mit seinen bisherigen Kenntnissen begnügen; vielleicht schlägt er noch das eine und andere Mal ein ihm gerade naheliegendes Buch nach, aber er vertieft sich nicht in neue Studien. Was in seinem Gedächtnisse haften blieb, muss als wirklich-historisches Material genügen, einige lustige Anekdoten, dann einige Pointen und Pikanterien, hier und da etwas voller Brustton der Ueberzeugung, zuletzt noch einige Dunkelheiten, als ehrwürdiger Firniss des Alterthums, — da kann's auf diese und jene Thatsachen, wie wichtig sie auch wären, nicht mehr ankommen. Wenn er zu Literaten redet, darf er zu allen Zeiten des Erfolges sicher sein; — hat er's vor Allem auf Historiker abgesehen, so braucht er, falls er ein Mensch des 16., nicht des 19. Jahrhunderts ist, auch nicht gerade eine schnelle Entlarvung zu befürchten. So würde ich mich bei einem Fälscher über das Verschweigen selbst entscheidender Dinge nicht wundern.

Aber vielleicht liegt die Sache gerade in unserem Falle doch noch etwas anders. Ich habe den angeblichen Dino einmal einen eigenthümlichen Geist genannt. Eine Zeit lang folgt er dem Villani wie ein williges Kind: an gewissen Stellen scheint er gleichsam Sprechen und Schreiben von ihm gelernt zu haben.

Dann erhebt er sich gegen sein Vorbild, der Widerspruch wird seine Losung, und in der krassesten Form übt er ihn am liebsten. Auf dieses Verhältniss werde ich unten zurückkommen, es soll mir hier nur dazu dienen, um die Capricen unsers Autors zu kennzeichnen. Bei einem solchen Manne aber, den man nicht nach einer hausbackenen Psychologie beurtheilen darf, kann das Fehlen jener Ereignisse nicht eben wundern: er erdichtet z. B. II. 34 eine Amnestie vom 1. August 1303 und hat für die Gnadenakte vom September 1311 nicht ein einziges Wort. Das sind eben Züge einer cronaca scorretta, mit welchem Beinamen man den Stradino bezeichnete, und wenn Stradino nicht der Fälscher ist, so hat es doch an Leuten seiner Art nie gefehlt, namentlich nicht unter den Romanen.

Wie Hegel in seiner ganzen Abhandlung zu heilen versucht, so lange es irgend angeht, wär's auch durch eine Gewaltkur; wie er dann aber doch immer zu einer Stelle gelangt, wo er ein beschämendes Geständniss in die euphemistischen Worte kleidet: „dunkler Punkt", „ungelöstes Räthsel", so verhält er sich auch zu den Argumenten, die das Stillschweigen des Autors bietet. „Bedenklich ist allerdings das Schweigen, wo es wie ein Nichtwissen erscheint, wenn es sich um Dinge handelt, die in den Zusammenhang der Erzählung hineingehören und über welche der Autor, wenn er Dino Compagni war, sehr genau unterrichtet sein musste." Letzteres gilt eigentlich von allen übergangenen Thatsachen, deren ich oben gedachte; wie Ersteres wenigstens bei einigen derselben zutreffe, habe ich ebendort schon gezeigt. Nun habe ich noch zwei Fälle hinzuzufügen. Hegel S. 54 kann es einem Zeitgenossen ebensowenig verzeihen, wie ich, dass er selbst dem Kardinal von Aquasparta, wenn anders seine Erzählung Glauben verdient, ein Geldgeschenk anbot, dann aber des Interdikts, welches der Kardinal über Florenz verhängte, mit keinem Worte gedachte; auch Hegel versteht es nicht, wie Dino sich später selbst um die Berufung des Kardinals Montefiore bemüht haben will, ohne dann seinen Lesern auch nur eine leise Andeutung zu geben, dass statt des von ihm gewünschten Montefiore abermals der

Kardina Aquasparta gekommen sei. „Die Chronik zeigt hier eine Lücke, die sich aus ihr selbst nicht erklären lässt." Hegel geht nun S. 54 noch über meine Forschung hinaus: er ergänzt aus dem dritten Buche einen weiteren Fall „bedenklichen Stillschweigens". In jener Erzählung Dino's, die über den Krieg zwischen Florenz und Arezzo handelt, „ist gerade die Hauptsache ausgelassen", und doch — bemerkt Hegel[1]) sehr richtig, — hat der Autor hier um so weniger Grund zum Schweigen gehabt, als die übergangene Thatsache seinen Feinden, den sonst so hart und gern getadelten Schwarzen, nicht geringe Schande brachte[2]).

Wer Fälle eines so bedenklichen Stillschweigens verzeichnet, — sollte man glauben, — würde auch andere Lücken nicht gelassenen Sinnes aufnehmen. Eine consequente Kritik wird nicht mehr optimistischen Deutungen sich hingeben, wenn sie in dem einen und anderen Falle das Schlimmste erkannt hat. Aber

[1]) Nach Villani VIII. 89 und Giovanni di Lelmo 86. Als weitere Bestätigung füge ich hinzu: Annal. Arretini ap. Muratori XXIV. 863. Wenn die hier hervorgehobene Verkehrtheit des dritten Buches, wie manche andere, die sich in demselben finden, früher von mir nicht berücksichtigt worden sind, so habe ich Florent. Studien 170. 171 die Gründe meines Schweigens entwickelt. Zwei entscheidende Momente bestimmten mich, betreffs des dritten Buches „meinem Papierkorbe Manches, meinen Lesern Weniges mitzutheilen". Herr Paoli hätte sich, wenn er die angezogenen Seiten gelesen hätte, die Anmerkung im Archivio storico Serie terza XX. 165 wahrlich ersparen können. Er meint nämlich, ich hätte das dritte Buch, aus dessen Kritik ich nur Einzelheiten veröffentlichte, überhaupt nur wenig geprüft, und zwar aus keinem anderen Grunde, als weil ich hier noch „quella dotta e sicura scorta" seines Freundes Del Lungo entbehre. Als ob ich ohne das Bischen historischer Kritik des italienischen Philologen nicht bestehen könnte!

[2]) Eigentlich ist die Thatsache nicht übergangen, sondern in ihr Gegentheil verkehrt. Nach Dino wollte der Kardinallegat trotz aller Mahnungen durchaus Nichts gegen die Schwarzen unternehmen, und so kehren diese unbehelligt in die Stadt zurück; nach Villani, Giovanni di Lelmo und den Aretiner Annalen rückt der Kardinal mit dem ganzen Heere in die Richtung von Florenz, um es zu überrumpeln. Da erheben sich die Schwarzen, ordnungslos, fluchtähnlich, schimpflich und schändlich.

wir sahen schon zur Genüge, dass Hegel nicht der gleichen Ansicht ist, dass er wenigstens in der That einer anderen Regel folgt.

Auf eine irrige Interpretation des Vorworts sich stützend, hat er mehrere Lücken als „wohl erklärlich" bezeichnet; und nach der Art und Weise, wie er Dino's Absicht auffasst, wäre es auch nicht nöthig gewesen, verschwiegenen Thatsachen der Jahre 1289 bis 1290, dann 1295 eine besondere Erörterung zu widmen: Hegel hätte auch hier in dem Satze: „Dino wollte hauptsächlich nur die Ereignisse um 1300 erzählen" die einfachste Erklärung geben können. Da er aber einmal ein Uebriges thut, so wollen wir ihm darin folgen.

Zwar in Betreff des Umstandes, dass Dino die Aretiner Kriege der Jahre 1289 und 1290 ganz unvollständig erzählt, dass er den folgenden Krieg mit Pisa durchaus übergeht, dass er der eigenen Thätigkeit, welche er hier und dort entfaltet, mit keinem Worte gedenkt, — zwar in Betreff dieses Umstandes hat Hegel sich einfach auf die Constatirung der Thatsache beschränkt. Wenn ich ihn recht verstanden habe, so meint er mit der Behauptung, Dino habe einmal von den bezeichneten Dingen Nichts sagen wollen, alle Bedenken niederzuschlagen. Doch ich habe schon in anderem Zusammenhange, nämlich dort, wo ich über die geringe Harmonie zwischen dem historischen und literarischen Dino handelte[1]), die vorliegende Frage besprochen: danach möchte die Erklärung, Dino habe einfach nicht gewollt, doch als ungenügend befunden werden.

Grössere Mühe giebt sich Hegel, um das Fehlen einer anderen wichtigen Thatsache zu erklären, nämlich des vorläufigen Abschlusses der neuen Verfassung. Dino hatte ausführlich über den Inhalt der Ordinamente gehandelt, ihre falsche Auslegung gerügt, Fälle ihrer Anwendung vorgeführt, er hatte die Klagen, welche die Grossen gegen das neue Gesetz erhoben, durch ein Beispiel erläutert, dann die Verschwörung, welche wider den Urheber derselben angezettelt war, in breiter Behaglichkeit erzählt, endlich im Allgemeinen noch von der Unsicherheit, die

---

[1]) S. oben Seite 5—8.

nach der Vertreibung Giano's della Bella eintrat, einige Redensarten gemacht; — dass aber wenige Monate später, am 6. Juli 1295, die Granden sich erhoben, um die neue Verfassung zu stürzen, dass ihre Absicht zwar an der Waffenmacht des Volkes scheiterte, sie aber doch eine Milderung des harten Gesetzes erreichten, — darüber hat Dino kein Wort verloren. Gewiss hatte ich früher mit Recht behauptet, die von Dino scharf betonte Bestimmung der Ordinamente: che l'uno consorto fosse tenuto per l'altro e che i malefici si potessono provare per due testimoni, und die von ihm übergangene Thatsache, dass die angeführten Paragraphen den Adel zur Empörung trieben, dass wenigstens an Stelle der zwei nun drei Zeugen erlangt wurden, — jene Bestimmung und diese Thatsache seien gleichsam zwei Ringe Einer Kette. Da ich jetzt noch genauer entwickelt habe, mit wie grosser Aufmerksamkeit Dino die Geschichte der Ordinamente bisher verfolgte, so wird man mir wohl einräumen, dass das Ereigniss vom 6. Juli nicht fehlen durfte. Aehnliches scheint denn auch Hegel gefühlt zu haben[1]), aber er tröstet sich: „auch Paolino Pieri hat es nicht der Mühe werth gehalten, des Vorfalls zu gedenken." Ganz wohl, aber Paolino hat es überhaupt verschmäht, den Gesetzen nur die geringste Aufmerksamkeit zu schenken. Ein einziges Mal gedenkt er ihrer, aber nur um über sie ein Wortspiel zu machen: nicht einmal Wesen und Inhalt derselben hat er uns erläutert. Wie kann man da den Dino mit dem Paolino entschuldigen! Nicht schlimmer wäre es, wenn ich behaupten wollte, weil die Domkirche in M und die Pfarrkapelle in N zur selben Zeit gebaut wurden, so müssten ihre Thürme auch gleich hoch sein.

---

[1]) Und andere Freunde Dino's haben es unumwunden ausgesprochen. „Il est inexplicable", meint H. Hillebrand Dino Compagni p. 89 Anm. 1, „que Dino ne parle pas de ce soulèvement de la noblesse." Aehnlich Wegele Dante's Leben und Werke 98 Anm. 1: „Auffallender Weise schweigt Dino über dieses Ereigniss ganz und gar."

2b) Wie der Chronist wieder und wieder seinen Quellen widerspricht, so lässt er es auch nicht an Widersprüchen mit sich selbst fehlen. I. 21 erzählt er die Vertreibung der Schwarzen, und nach I. 23 hätten dieselben, zugleich mit dem Autor, schon wieder einer Versammlung in Florenz beigewohnt. Die Unrichtigkeit der letzteren Angabe ist bekannt, und II. 10 hat Dino denn auch selbst sich Lügen gestraft. Hegel räumt den offenen Widerspruch ein und findet ihn bei Dino, dem gegenwärtigen Zeitgenossen, ganz und gar nicht denkbar; „aber auch nicht bei dem Fälscher, wenn er überhaupt wusste, was er geschrieben" [1]).

Ein Zeitgenosse mag in Urtheil und Auffassung sich nicht immer gleichbleiben; die Thatsachen sind unverrückbar, da ist ein Widerspruch unmöglich. Anders verhält es sich beim

---

[1]) S. 56. Anm. 1 sagt Hegel, Dino habe unter den Prioren, von welchen die Schwarzen nochmalige Vertreibung der zurückgekehrten Weissen verlangten, auch den Messer Palmieri Altoviti genannt; dieser aber sei nach Stefani's Priorenverzeichniss vom *April bis Juni 1301* Mitglied der Signorie gewesen. „Vielleicht", fährt Hegel fort, „verschmäht Scheffer-Boichorst, den ich hierauf aufmerksam machen will, hier die Hülfe des Fälschers doch nicht, womit derselbe auf sehr bemerkenswerthe Weise seiner scharfsinnigen Vermuthung S. 135 Anm. 1 entgegenkommt, dass die Verbannung der Parteihäupter nicht, wie gewöhnlich nach Lionardo Aretino angenommen wird, unter dem Priorat Dante's *1301 Juni—August*, sondern *schon früher*, etwa zu Anfang des Jahres, wohin sie auch Villani VIII. 42 zu setzen scheint, erfolgt."
So leid es mir thut, — ich muss die mir gütigst angebotene Hülfe unbarmherzig zurückweisen. Nicht, weil sie mir vom Fälscher kommt, sondern weil sie — dorther nicht kommt, weil sie nur in Hegel's Illusion besteht. Dante war nämlich nicht Palmieri's Nachfolger, sondern Vorgänger, er ist vom *15. Juni bis 15. August 1300*, nicht aber 1301 Prior gewesen. Ueberdies ist Dino weit entfernt, die Verbannung in den Anfang des Jahres 1301 zu setzen; nach seiner Darstellung I. 21 erfolgt sie vielmehr zur Zeit, da der Kardinal Aquasparta in Florenz weilte, d. h. *vom Juni bis Oktober 1300*. Also kommt Dino keineswegs meiner durch Villani gestützten Vermuthung entgegen, wohl aber liesse sich seine Angabe mit der von mir zurückgewiesenen Behauptung Lionardo Aretino's, die Verbannung sei unter Dante's Priorat erfolgt, also zwischen dem *15. Juni und 15. August 1300*, recht gut in Einklang setzen.

Dichter; er arbeitet mit Einbildungen, die sich leicht verschieben und verwirren. Unter diesem Gesichtspunkte würde ich mich nicht wundern, dass unser Fälscher, namentlich wenn er II. 10 etwa acht Tage später schrieb, als I. 23, mit sich in Widerspruch gerieth. Doch bedarf es dieser Erklärung vielleicht gar nicht: ich meine wieder an die cronaca scorretta erinnern zu sollen, an diese Bezeichnung, die unter Berücksichtigung der Lücken, der Fehler, der Widersprüche jeder Art, auf unsere Chronik wie gemacht zu sein scheint.

Einen anderen Widerspruch ergiebt der Vergleich von II. 25 mit II. 29. Dort führt Dino sechs weisse Guelfen als Verbannte auf, hier werden sie als „innere" Verräther hingerichtet. Ich beobachtete nun, dass dieselben Personen ziemlich in der gleichen Reihenfolge auch von Villani genannt werden, und zwar als innere Verräther. Da ich aber auch an anderen Stellen die Benutzung Villani's nachweisen konnte, so suchte ich die auffallenden Widersprüche eben durch Villani zu erklären. Es schien mir nicht undenkbar, dass Dino sich die Namen aus Villani abgeschrieben habe. Leider benutzte er sie zunächst an ganz ungeeigneter Stelle, nämlich in dem Verzeichniss der Gebannten, und als er nun im Fortschritt der Arbeit zu jener Enthauptungsscene gelangte, da erkannte er den begangenen Missgriff und, um die Fälschung vor Entdeckung zu sichern, nahm er jetzt mit den Namen einige kleine Veränderungen vor. So meine Erklärung. Hegel aber ruft aus: „Was für ein wunderlicher, schlauer und doch ungeschickter Fälscher." Die Wunderlichkeit des Fälschers habe ich nie in Abrede gestellt; er war ein Geist voll Caprice; auch seine Schlauheit will ich einräumen; nur das Prädikat „ungeschickt" scheint er mir nicht verdient zu haben. Hegel hätte doch bedenken sollen, dass die Chronik, welche im Jahre 1726 zum ersten Male erschien, seitdem mehr als ein Dutzend anderer Ausgaben erlebt hat, dass Dino's Werk ausser zahlreichen Abhandlungen eine Bearbeitung und eine Uebersetzung hervorrief: dennoch war ich im Jahre 1874 der Erste, der den bezeichneten Widerspruch auffand. Soll ich nun annehmen, dass all' meine Vorgänger, die Dino's angebliche Ungeschicklichkeit nicht erkannten, beschränkten Geistes waren? So scheint mir Hegel's Einwand wenig zu bedeuten. Völlig missglückt ist aber sein nachträglich ertheilter Rath, der Fälscher hätte doch lieber an erster Stelle die sechs Namen einfach wegstreichen sollen, dann wäre später gar keine Aenderung nöthig gewesen. Erstens muss ich fragen: Wozu? Er glaubte sich ja durch die Aenderung, die nebenbei bemerkt nicht, wie Hegel behauptet, „viel Umstände" gemacht hat, sondern fast gar keine, hinreichend vor der Entdeckung gesichert. Zweitens ist zu beachten, dass man in Copien — als Original konnte der Fälscher sein Werk ja nicht ausgeben — nur Verschriebenes oder Doppeltgeschriebenes streicht. Von Beiden kann hier keine Rede sein, und so hätte sich jeder Leser gefragt: „Weshalb sind hier die sechs Namen gestrichen?" Und wie wäre sein Erstaunen gewachsen, wenn er die durchstrichenen Namen, Dank dem von Hegel ertheilten, vom Fälscher befolgten Rathe, später ohne jede Aenderung wieder gefunden hätte! Da würde doch vielleicht schon vor dem Jahre 1874 Jemand angesetzt haben, und so möchte Dino, wenn er nach Hegel gehandelt hätte, schon längst zu den Todten geworfen sein.

Doch Hegel hat uns die Fragestellung verkehrt. Da einmal der Widerspruch auf Fälschung deutet, so hat das Wie nur nebensächlichen Werth. Dagegen kann die Echtheit nicht bestehen, wenn der Widerspruch nicht erklärt wird. Darauf hätte Hegel achten müssen!

Ein dritter Widerspruch zeigt sich I. 24 und II. 26. Dort heisst Lapo Ulivieri „buono e leale popolano", hier ist er ein „guastatore della città". Wenn Hegel sich abermals damit beruhigt, dass der Widerspruch sich nicht leichter beim Fälscher, als beim Compagni begreifen lasse, so muss ich abermals an den Unterschied von Historiker und Dichter erinnern: dieser arbeitet mit leicht verschiebbaren Einbildungen, jener mit unverrückbaren Thatsachen. Wie ich indess schon bemerkte, wird man bei der Eigenart des Fälschers auch eine andere Lösung versuchen dürfen.

3) Den Abschnitt über die Anachronismen eröffnet Hegel mit dem Satze: „Unrichtige Thatsachen lassen sich durch Irrthum des Autors, Lücken und Widersprüche durch Nachlässigkeit bei der Abfassung oder bei der Redaktion erklären." Ich darf wohl hinzufügen: man muss es nur mal ernstlich wollen; — auf die Art der unrichtigen Thatsachen, Lücken und Widersprüche scheint es also Hegel gar nicht anzukommen! Sein Satz lautet doch nicht anders, als die alte Regel: „Reime dich oder ich fresse dich." Hoffentlich findet er in der Kritik erst dann Anerkennung, wenn Deutschlands vornehmste Dichter unter das angeführte Verslein ihren Namen setzen[1]). Doch zur Sache! Was von den unrichtigen Thatsachen, den Widersprüchen und Lücken gelten soll, — darauf meint Hegel sich bei Anachronismen nicht berufen zu dürfen.

Als derartigen Beweis hatte ich Dino's Worte „tôrci San Miniato" benutzt[2]). „Uns San Miniato nehmen" konnte ein Florentiner erst nach 1370 sagen, denn nicht früher befand sich San Miniato im Besitze von Florenz. Nun behaupten Dino's Vertheidiger, welchen Hegel S. 58 sich anschliesst: „tôrci" heisse nicht „uns nehmen", sondern „der welfischen Partei abspenstig machen". Ich will nicht davon reden, dass Dino das Wort tôrre sehr oft[3]), aber immer in seinem natürlichen Sinne gebraucht; ich bitte nur, den Satz I. 17 doch einmal in seinem Zusammenhange zu betrachten. Der Reichslegat Johann von Chalons also hatte sich mit Arezzo gegen Florenz verbunden, da zahlte ihm dieses 20000 Gulden, und nun sind Johann und Florenz wieder die besten Freunde. Zwischen ihnen wird ein Vertrag geschlossen:

---

[1]) Ich würde mir eine derartige Bemerkung nicht erlauben, wenn der angeführte Satz lediglich als Uebergang zu einem neuen Abschnitte dienen sollte: nein, er ist Grundprinzip der Hegel'schen Kritik: damit meint Hegel thatsächlich alle Irrthümer, Lücken und Widersprüche erklärt zu haben; kaum hat er später noch Ein Wort über dieselben geredet.

[2]) Florent. Studien 115. 116.

[3]) z. B. II. 31 balia di tôrre e dare: II. 32 compongono col marchese di Ferrara di tôrre Bologna.

Johann soll zu den ihm immer noch vertrauenden Aretinern zurückkehren, „sich als Feind der Florentiner stellen, dann die Aretiner verführen, den Florentinern San Miniato zu nehmen, — San Miniato, von welchem er behauptete, dass es ihm gehöre, kraft des Reiches, für das er gekommen und beauftragt sei." Das hat gleichsam Hand und Fuss, — nun setze man für: „den Florentinern San Miniato zu nehmen" die Interpretation der Dinisten: „San Miniato der welfischen Partei abspenstig zu machen." Ich denke: ein schlechterer Sinn lässt sich in keinen Satz hineinlegen. Johann soll die Aretiner zu einem Wagniss „verführen", zu einem Wagniss, welches sich direkt gegen Florenz richtet. Da schlägt er ihnen vor, ihre diplomatischen Künste anzuwenden, um San Miniato vom Welfenbunde zu trennen! Und als Grund, weshalb San Miniato nicht welfisch sein dürfe, vorweist er auf das Eigenthumsrecht des Reiches, er, der eben den Aretinern gesagt hat: „Meine Herren, ich bin auf Bitten der Welfen von Florenz nach Toskana gekommen." Sachgemäss ist diese Erklärung gewiss nicht. Vor Allem der Anspruch auf den faktischen Besitz von San Miniato, welchen Johann erhebt, fordert die Voraussetzung, dass es „genommen" werden soll.

Auf den dargelegten Zusammenhang scheint Hegel nicht geachtet zu haben; er schliesst sich um so lieber der Deutung der Italiener an, als er II. 14 gefunden hat, dass Dino die Sanminiatesen gleichwie die Sanesen, Peruginer, Lucchesen als Verbündete von Florenz nennt. Mithin wären dieselben also auch nach seiner Meinung noch nicht Unterthanen von Florenz gewesen.

Anstatt durch dieses Argument einer Uebersetzung, die an Gezwungenheit ohne Gleichen ist, die dem Zusammenhang in krassester Weise widerspricht, eine Stütze zu leihen, würde ich doch lieber auf den vorausgehenden Paragraphen zurückkommen, auf die noch viel auffallenderen Widersprüche.

Einen höchst interessanten Anachronismus hat Hegel selbst entdeckt. I. 11 lesen wir, dass nach den Ordnungen der Gerechtigkeit alle Granden vom Priorat, vom Gonfaloneriat und „deren Collegien" ausgeschlossen sein sollten. Nun aber wurden die beiden Collegien, wie Hegel S. 62 zeigt, das eine erst im Juni 1321, das andere gar erst 1343 eingesetzt. Dino aber giebt vor, im Jahre 1312 zu schreiben!

Dagegen sträubt sich Hegel S. 59 wiederum gegen die Annahme eines auf die Familie da Cerreto oder i Cerretani bezüglichen Anachronismus. I. 22 nennt Dino zum ersten Mal i Cerretani. Wie ich bewies, ist die Bezeichnung „i Cerretani" aber erst um die Mitte der vierziger Jahre an die Stelle des bisher üblichen „da Cerreto" getreten[1]). Dann begegnen uns II. 23 messer Andrea e messer Aldobrando da Cerreto, che oggi si chiamano Cerretani. Da nun knüpft Hegel an: ohne Zweifel soll der Relativsatz eine spätere Glosse sein, ohne Zweifel soll also auch der Glossator an erster Stelle das ursprüngliche „quelli da Cerreto" in „Cerretani" verwandelt haben. Denn, meint Hegel, mit dem „heute" werde die Zeit der Chronik, also auch des Autors, ausdrücklich von einer späteren unterschieden. Aber weshalb soll der Fälscher nicht einmal einen Augenblick seine wahre mit seiner angenommenen Zeit verwechselt haben? Wie leicht ein solches Quidproquo mit unterlaufen kann, beweist ja zur Genüge die Ausgabe des Herrn Del Lungo[2]), der sich trotz seiner eifrigen Studien derselben Sünde schuldig machte, die nach meinem Dafürhalten unser Autor beging. Doch ich will mich nicht auf Vermuthungen beschränken. Zunächst ist zu beachten, dass der Fälscher, da er den Zeitgenossen spielen will, mehr als einmal in die Rolle des Antiquars verfällt[3]). Dann aber sind Hegel und ich ja darüber einig, dass der ganze Satz, in welchem sich das angebliche Glossem findet, von keinem Zeitgenossen Dino's herrührt; — die Behauptung „E oltre agli altri, messer Andrea e messer Aldobrando da Cerreto, che oggi si chiamano Cerretani, per antico d'origine Ghibellina, e' diventorono di parte nera", konnte eben so wenig

---

[1]) Florent. Studien 158. 159.

[2]) Er hat an dem Relativsatze nicht den geringsten Anstoss genommen; S. 141 findet er sich mitten im Texte; eine zugehörende Anmerkung belehrt uns über Herkunft und Dauer der Familie.

[3]) Vgl. Florent. Studien 159. 160. Ein weiteres Beispiel findet sich I. 20: Una famiglia, che si *chiamavano* in Cerchi.

zu Anfang des 14. Jahrhunderts niedergeschrieben werden, als die entsprechende Angabe II. 10: Messer Andrea da Cerreto, savio legista, d'antico Ghibellino fatto Guelfo nero. Denn wie schon bemerkt, waren die späteren Cerretani nicht von Alters her Ghibellinen, sondern Welfen[1]). Sie nahmen eine hervorragende Stellung ein; — über ihr politisches Bekenntniss konnte namentlich der wahre Dino nicht irren: seine Frau wurde sogar von Messer Andrea im Testamente bedacht[2]). Er kann mithin die obigen Unrichtigkeiten nicht geschrieben haben. Wenn die Chronik gerettet werden soll, so müssen wir den ersten, wie den zweiten Satz als Interpolation von unkundiger Hand preisgeben; — um Hegel's Ansicht weiter auszuführen, müsste dann der erste, an sich schon später hinzugefügte Satz durch das: „che oggi si chiamano Cerretani" wiederum eine Interpolation erfahren haben. Da ist es doch einfacher, Alles auf einen Schreiber zurückzuführen, auf einen Fälscher, welcher einen Augenblick, wie ich schon sagte, seine wahre mit seiner angenommenen Zeit verwechselte.

Den letzten Anachronismus, welchen Hegel bekämpft, hat P. Fanfani aufgedeckt[3]). Derselbe bezieht sich auf die Wohnung der Prioren, als welche Dino, nach Fanfani's Ansicht, von vorn herein den erst 1299 begonnenen, gewiss erst viel später vollendeten Palazzo vecchio betrachtet. Dass aber diese Auffassung richtig sei, — dafür hatte ich auf die mehrfach erwähnte Piazza verwiesen[4]).

Piazza schlechtweg ist dem Florentiner die Piazza de' Signori, welche vor dem Palazzo vecchio liegt. Wenn nun Dino sagt:

---

[1]) S. oben S. 35. Florent. Studien 160 flg.

[2]) S. die Mittheilung Gargani's bei Fanfani Dino Compagni vendicato dalla calunnia di scrittore della cronaca 271. Leider sind die übrigen Notizen, welche Gargani aus ungedruckten Urkunden über Andrea da Cerreto bringt, doch nicht so geordnet und gefasst, dass sie uns einen Nutzen gewährten. Die Art und Weise, in welcher sie von Gargani selbst verwerthet werden, habe ich vollends nicht verstanden. Man sollte doch solche Urkunden nicht verarbeiten, sondern wenigstens in Originalauszügen mittheilen!

[3]) Dino Compagni vendicato 21 flg. 202 flg.

[4]) Jenaer Literaturzeitung 1875 S. 146.

1293 Mille fanti dovessono esser presti a ogni richiesta del detto Gonfaloniere *in piazza*; 1294/5 Prediàn l'arme e corriamo *su la piazza*; 1295 I priori scesono col gonfalone *in piazza*; 1301 che metessero il ceppo e la manaia *in piazza*; 1301 Vennono al palagio (de' signori); ritornarono alle loro case, rimanendo *la piazza* abbandonata; 1303 Neri da Lucardo venne *in piazza* e commbattè il palagio de' signori; wenn er dagegen sonst scharf unterscheidet: piazza de' Frescobaldi, di S. Croce, di S. Maria Novella, di S. Piero: so meint er doch mit der piazza, die er nicht weiter kennzeichnet, jenen stolzen Platz, der schlechtweg piazza heisst. Nein, entgegnet Hegel S. 60, er meint jenen Platz, welcher bei den damals von den Prioren bewohnten Häusern der Cerchi lag. Es ist so leicht gesagt: „Wo der Palast der Prioren, da war auch die piazza." Namentlich im Hinblicke auf meine obigen Ausführungen käme es darauf an, bei den Häusern der Cerchi einen Platz nachzuweisen. So schlecht stehen unsere Kenntnisse der Topographie von Florenz nicht, dass ein Platz bei den Häusern der Cerchi uns unbekannt bleiben könnte, wenn er wirklich vorhanden war. Villani hat ihn schwerlich gekannt, sonst hätte er seiner wohl einmal gedacht.

Das Sträuben Hegel's ist um so auffallender, als er dann doch zugestehen muss, dass eine andere Notiz sich unzweifelhaft auf den Palazzo vecchio bezieht. 1301 läutet nach Dino II. 19 die grosse Glocke, *la quale era sul loro palagio*. Wir wissen aber aus Urkunden, dass die campana grossa noch 1307 in einem Holzbau vor dem Palazzo der Prioren aufgehängt, dass sie erst kurz vorher gegossen war [1]). Was ist zu machen?

Ein Irrthum hat Hegel die Sache etwas erleichtert. Er behauptet nämlich S. 62, die „grosse Glocke" habe sich 1307 ebenso auf einem eigenen hölzernen Gerüste neben dem Priorenpalaste

---

[1]) Am 5. Juli 1307 wird beschlossen: In campana et pro campana magna, nuper facta pro communi praedicto, et in hedifitio et pro ediffitio seu turri legnaminis, nuper pro ipso communi facta in platea palatii priorum et vexilliferi, super quo ipsa campana posita est, et pro legamine ipsius hediffitii sive turris etc. libr. 1000. Gaye Carteggio inedito d'artisti I. 447. Danach Fanfani in seiner Zeitschrift Il Borghini I. 200.

befunden, „wie früher neben der älteren Residenz der Prioren" [1]). Unglücklicher Weise heisst es nun aber in unserer Urkunde von 1307: In campana et pro „campana magna", *nuper facta* pro comuni etc.

Wie gesagt, dieses Versehen hat über die Schwierigkeit, dass die grosse Glocke [2]), die erst kurz vor 1307 gegossen wurde, schon 1301 geläutet sei, in der gefälligsten Weise hinweggeholfen. Es bleibt nur noch der Relativsatz: la quale era sul loro palagio. Kurzer Hand ist Hegel entschlossen: „Ich stelle die unrichtige und überflüssige Glosse „„la quale era sul loro palagio"" eben dorthin, wo die Cerretani." Ich darf wohl hinzufügen: wo auch die campana grossa, wo die Consuln der Gewerke, wo die Collegien der Prioren, wo namentlich auch die Angabe, dass nicht Baldo de' Ruffoli, wie doch Schriftsteller und Urkunden bezeugen, sondern Dino Compagni selbst, der dabei wie stets sein „Ich, Dino Compagni" stark betont, der erste Vollstrecker der „Ordnungen" gewesen sei, dass er in treuester Befolgung der Gesetze, die er doch in Wahrheit frivolster Weise verletzt hätte, nicht bloss den einen Uebelthäter, sondern dessen sämmtliche Geschlechtsgenossen bestraft habe: ebendorthin endlich, wo all' die chronologischen und faktischen Unrichtigkeiten, von welchen Hegel zugestand, dass sie „dunkle Punkte, ungelöste Räthsel" seien.

---

4) Hegel kommt zur *Benutzung der Quellen*. Doch hätte wohl dem grössten Theil dieses Paragraphen eine andere Bezeichnung mehr entsprochen. Zumeist prüft Hegel hier nämlich solche Angaben Dino's, für welche keine Benutzung anderer Quellen *nachzuweisen* ist, für welche denn auch ich auf keine *bestimmte*

---

[1]) Jene Glocke, welche „auf einem eigenen Gerüste neben der älteren Residenz der Prioren" sich befand, hiess campana justitiae. Cf. Gaye l. c. 429.

[2]) Hegel wird mir nun vielleicht entgegnen, auch grossa sei eine Interpolation. Aber dann möchte er doch mit dem Zusammenhang in Conflict gerathen. Dass die Stimme selbst der grossen Glocke wirkungslos verhallte, — eben das will Dino betonen.

Vorlage hindeutete. Derartige Berichte unseres Autors sollen uns später beschäftigen; vorerst handelt es sich lediglich um sein erkennbares Material.

In Dino's Werk fand ich nur wenig Sätze, die mit der Erzählung eines Anderen in einem so eigenthümlichen formellen oder materiellen Verhältnisse standen [1]), dass ich auf Abhängigkeit schloss. Oft habe ich nur Vermuthungen ausgesprochen. Durchaus nach meiner subjektiven, wenn auch durch Gründe gestützten, so doch keineswegs erwiesenen Meinung habe ich einzelne Notizen der Papstgeschichte, wie sie sich im dritten Buche finden, auf das Werk des Bernhard Guidoni zurückgeführt [2]); für Heinrich's VII. Unternehmungen glaubte ich hier und dort die Benutzung der Geschichte Cermenate's wahrscheinlich machen zu können [3]); und was die Florentiner Annalen des Simone della Tosa angeht, so redete ich einmal von einer bemerkenswerthen Congruenz der Worte [4]). Wenn Hegel hier widerspricht, so brauche ich mich nicht auf eine nochmalige Erörterung einzulassen, denn wäre seine Argumentation auch geradezu überwältigend, so wären damit ja keine Beweise entkräftet, sondern nur Vermuthungen zurückgewiesen: die Sache könnte auf diesem Wege weder gewinnen, noch verlieren. Anders verhält es sich mit den Autoren, betreffs deren ich nicht muthmasste, sondern versicherte, dass Dino ihnen sein Material verdanke, nämlich Paolino Pieri, Coppo Stefani und Giovanni Villani.

Was Paolino Pieri angeht, so hatte ich nur einige kurze Sätze angeführt; und Hegel S. 71 nähert sich wenigstens meiner Ansicht: der ähnliche Wortlaut, meint er, lasse „in der That auf die Bekanntschaft mit Paolino Pieri schliessen". Auch meine

---

[1]) Gleichwohl war ich dabei viel günstiger gestellt, als etwa Bernhardi: Zwischen Matteo di Giovenazzo und seinen Quellen ist bisher keine wörtliche Uebereinstimmung nachgewiesen worden; wenigstens an einzelnen Stellen finden wir dagegen zwischen Dino und Villani vollständigen Gleichklang.
[2]) Florent. Studien 171.
[3]) A. a. O. 175.
[4]) A. a. O. 186.

Vergleichung der Priorenreihen, wie Dino und Coppo Stefani sie giebt, haben sichtlich auf Hegel Eindruck gemacht. Aber er fragt mich nun: Warum sollten nicht ebenso gut, wie andere florentinische Urkunden, die ich als Quelle bezeichnet hätte, urkundliche Priorenverzeichnisse benutzt sein? Nun, weil zwischen Dino's und Stefani's Reihen sich die auffallendsten Eigenthümlichkeiten finden, — Eigenthümlichkeiten [1]), die das engste Verhältniss zwischen beiden voraussetzen. Höchstens liesse sich noch annehmen, es läge eine gemeinsame Quelle zu Grunde. Was wäre damit gewonnen? Gar Nichts; denn sicher wird ein Zeitgenosse die Namen gleichzeitiger Prioren, zweimal sogar seiner Amtsgenossen, nicht einer Vorlage entnehmen: da folgt er seinem Gedächtniss.

Die Hauptsache bleibt das Verhältniss zu Villani. Ich will es an zwei Beispielen nochmals erläutern.

Da Dino I. 11 und Villani VIII. 1 zu den Ordnungen der Gerechtigkeit übergehen, heben sie in gleicher Weise an. Dino sagt: si resso il popolo alquanti anni *in grande e potente stato;* und Villani: essendo la città di Firenze *in grande e possente stato.* Dann sind es nach Dino die *cittadini insuperbiti*, welche neue Wirren in die Stadt bringen: Villani giebt den *cittadini insuperbiti*, wie er die Unruhestifter mit Dino nennt, nur noch den weiteren Zusatz: tra loro invidiosi. Gegen sie verbinden sich nun:

---

[1]) Verbunden mit dem bemerkenswerthen Widerspruche, dass an jener Stelle, wo beide Autoren gegen die sonst von ihnen und Andern befolgte Regel nicht bloss den Namen, sondern auch das Handwerk nennen, Dino den Bachino di Joanni als „beccaio", Stefani als „tavernaio" kennzeichnet. Ich suchte das Richtige S. 83 auf Seiten Stefani's, indem ich an die für mich feststehende Widerspruchslust des Fälschers erinnerte. Inzwischen hatte ich nun Gelegenheit eine andere von Stefani unabhängige, aber wohl auf demselben officiellen Verzeichnisse beruhende Priorenreihe zu vergleichen. Auch dort heisst unser Prior ein „tavernaio". Priorista fiorentino ed. Rastrelli I. 21. Endlich theilte mir O. Hartwig mit, dass in den uns erhaltenen Fragmenten einer ganz gleichzeitigen Chronik, welche man irrig dem Brunetto Latini zuschreibt, Bachino auch als tavernaio erscheint.

nach Villani *buoni* uomini, artefici e *mercatanti*, nach Dino *buoni cittadini*, popolani e *mercatanti*. Ihr Führer ist Giano della Bella, nach Villani uno *valente uomo,* nach Dino *valente* e buono *uomo*. Dann folgt bei Beiden eine Skizze der Verfassung, und Beide reden fast mit denselben Worten. Z. B.

Dino I. 11.

— *fecensi leggi, che si chiamarono ordini della giustizia contro a' potenti, che facessono oltraggi a' popolani; e che l'uno consorto fosse tenuto per l'altro, e che i malefici si potessono provare per due testimoni di pubblica voce e fama.*

Villani VIII. 1.

— *si ordinarono certi leggi e statuti, molto gravi contro a' grandi o possenti, che facessono forze e violenza contro a' popolani*, raddopiando le pene communi diversamente; *e che fosse tenuto l'uno consorto de' grandi per l'altro, e si potessono provare i malefici per due testimoni di pubblica voce e fama*[1]), e che si ritrovassono le ragioni del commune. *E quelle leggi chiamarono gli ordinamenti della giustizia.*

Dass ein Abhängigkeitsverhältniss besteht, liegt klar zu Tage; man könnte vermuthen, beide Autoren hätten, unabhängig von einander, die Ordnungen der Gerechtigkeit benutzt. Aber dagegen sprechen doch die kleineren Uebereinstimmungen, womit hier und dort zum eigentlichen Thema übergeleitet wird: sie finden in der Verfassung selbst keine Analogien. Und zu dem gleichen Resultate führt auch ein Vergleich mit den Ordnungen selbst: es ist geradezu undenkbar, dass z. B. folgender Artikel: Et sufficiat probatio in predictis omnibus et quolibet predictorum contra ipsos magnates facientes et fieri facientes et quemlibet eorum maleficia supradicta vel aliquod eorum saltem per duos testes, probantes de publica fama, et per sacramentum offensi, si viveret, et si non viveret per sacramentum filii vel filiorum suorum etc.[2]) — dass dieser schwerfällige Artikel von

---

[1]) Der Satz: e si potessono — e fama fehlt in den Codices, denen Muratori gefolgt ist. Vgl. oben S. 12 Anm. 1 und unten S. 67 Anm. 2.

[2]) San Luigi Delizie degli eruditi Toscani IX. 316.

zwei Autoren, die unabhängig von einander schrieben, so gleichmässig wiedergegeben würde, wie es oben geschieht, dass der Eine ihn übersetzte: e che i malefici si potessono provare per due testimoni di pubblica voce e fama, dass der Andere nur die ganz geringfügigen Varianten gäbe: e si potessono provare i malefici per due testimoni di pubblica voce e fama. Gemeinsame Benutzung liegt also ausser aller Möglichkeit: derjenige, wird aus den Ordinamenten selbst geschöpft haben, der ihnen im Wortlaut am nächsten kommt. Das aber ist Villani. Man vergleiche:

Ordinamenta p. 312.

— Mille *pedites ex popularibus seu artificibus civitatis Florentie. Qui* sic *electi,* iurent *trahere ad domum dominorum priorum* et dicti vexilliferi, *tempore cuiuslibet rumoris et etiam* quotienscunque fuerint requisiti per nuntium vel sonum campane vel bannum.

Villani VIII. 1.

— e *furono eletti* mille *cittadini,* partiti per sesti, *i quali* dovessono essere *armati,* e ciascuno *con* soprasberga o scudo della *'nsegna* della croce, e *trarre* ad ogni *romore e* richiesta *del gonfaloniere a casa* o a palazzo de' *priori.*

Dino I. 11.

— e mille fanti tutti *armati con* la detta *insegna* o arme, *che* avessono a *essere* presti a ogni richiesta *del detto gonfaloniere* in piazza o dove bisognasse.

Wie der Augenschein lehrt, steht Villani einerseits den Ordinamenti viel näher, als Dino, und stimmt andererseits doch genauer mit Dino überein. Mithin kann verständiger Weise kein Zweifel sein, dass Villani aus den Ordinamenti schöpfte, dass dann seine Chronik die Quelle Dino's ward.

Dino's, d. h. des Fälschers. Denn unser Dino, der noch in demselben Jahre, da die Ordnungen in's Leben traten, ihr höchster Beamter war, der also aus eigenster Erfahrung die neuen Gesetze kannte, und wenn er der Geschichtschreiber ist, auch der Worte mächtig war, hätte gewiss statt eines Originalberichtes, welchen er besser erstatten konnte, als irgend ein Anderer, keinen Auszug einer fremden Chronik gegeben. Doch um auch das Undenkbarste anzunehmen, — der Chronist Dino, wenn er zugleich der historische Dino ist, kann nicht aus Villani's Chronik geschöpft haben, denn zu einer Zeit, da Villani schwerlich über die ersten Anfänge des Sammelns und Sichtens hinausgekommen war, will Dino schon die Feder niedergelegt haben.

Was sagt Hegel? Er müsse im Hinblick auf meine obige Zusammenstellung, die ich aus meiner früheren Studie hier nur wiederholt habe, „die Uebereinstimmung von Dino und Villani in einzelnen Worten und Sätzen anerkennen". Damit sei „denn die Abhängigkeit des einen Chronisten von dem anderen, wenn nicht beider von einer gemeinsamen Quelle bewiesen".

Das ist sehr diplomatisch ausgedrückt, scheint mir aber nicht sehr kritisch gedacht zu sein. Statt „Abhängigkeit des einen Chronisten vom Anderen" verlangt die vorstehende Entwicklung: „Abhängigkeit Dino's von Villani". Meint Hegel etwa, Dino's Chronik könne die Quelle Villani's sein, dann hätte er mir doch erklären müssen, wie alsdann die genauere Uebereinstimmung zwischen Villani und der Urquelle, den Ordinamenten, sich mit den bisher geltenden Regeln der Forschung ausgleichen lasse. Wir wollen also das andere, von Hegel als möglich bezeichnete Verhältniss annehmen: die gemeinsame Quelle. Nach meiner obigen Darlegung können die Ordinamenti selbst nicht von Beiden benutzt sein. Also habe Jemand in einer nun verlorenen Chronik unsere Gesetze verarbeitet, aus dieser Chronik seien die übereinstimmenden Sätze entnommen. Aber was Dino betrifft, so steht der Annahme zunächst ein schon eben angeführtes Moment entgegen: Dino ist der Dritte in der Reihe der Gonfaloniere, und sowenig etwa heute ein hervorragender Staatsbeamter, der an der Verfassung unseres neuen Reiches mitgearbeitet, der dann als Einer der Ersten die Ausübung derselben geleitet und überwacht hat, ihre charakteristischen Merkmale aus einem Zeitungsblatte entnehmen wird, — ebensowenig hat der wahre Dino die wichtigste Staatsumwälzung, die sich unter seinen Augen vollzog, die ihm vorübergehend den ersten Platz in der Republik anwies, nach den Aufzeichnungen eines Anderen beschrieben. Wär' es aber dennoch der Fall, hätte Dino die betreffende Chronik zugleich mit Villani benutzt, so müssten sich doch, wenn auch nicht ganze Sätze, so doch eine Wendung, ein Wörtchen nachweisen lassen, worin eine engere Verwandtschaft mit der Urquelle, mit den Ordinamenti, zu Tage träte, als mit Villani, dessen Princip die freieste Verarbeitung ist. In der obigen Zusammenstellung wird man eine genauere Uebereinstimmung der bezeichneten Art nicht entdecken können. Aber Hegel glaubt sie anderweitig gefunden zu haben.

Nach Dino wäre eine Bestimmung über die Wahl der Prioren getroffen und, wie Hegel behauptet, hätte Villani davon geschwiegen. Im Gegentheil, Villani hat ganz vernehmlich von dieser Wahl gesprochen, und zwar in Ausdrücken, welche bei Dino wiederkehren. Die alten Prioren, sagt er VII. 79, sollen die neuen wählen colle capitudini delle dodici arti maggiori e *con certi arroti*, ch' eleggeano i priori [1]); nach Dino wählen die alten Prioren *con certi arroti*. Dino ist nur viel ungenauer, als Villani: er übergeht die Capitudini der 12 höheren Zünfte [2]); und überdies leiden beide Berichte an demselben Fehler: nach den Ordinamenten wählen nicht die alten Prioren, sondern das Wahlcollegium, das aus den Capitudini und „Weisen" besteht, hat den Wahlmodus zu bestimmen [3]).

Weiter würden nach Dino die Zünfte auf die neue Verfassung verpflichtet, und auch hierüber habe Villani nicht geredet. Aber wo in aller Welt giebt es denn eine zu Recht geltende Verfassung, die nicht beschworen wäre? Weil die Florentiner Ordnungen von den Zünften ausgehen, darum werden eben diese auf dieselben verpflichtet. Das ist doch so selbstverständlich, dass Villani wahrlich kein Wort darüber zu verlieren brauchte: aus einer solchen Trivialität sollte man doch keine Folgerungen ziehen.

---

[1]) Das sagt Villani allerdings nicht in dem Kapitel, welches den Ordnungen gewidmet ist; aber die Ordnungen schufen ja auch nicht erst die Prioren; vielmehr bestanden diese schon seit einem Jahrzehent; und der Wahlmodus ist gewiss nicht durch das neue Gesetz verändert worden.

[2]) Das sind die Hauptpersonen der Wahl. Vgl. Villani VIII. 40.

[3]) Vgl. Florent. Studien 100. 101.

Endlich lässt Dino den Zunftvorstehern „eine gewisse Gewalt" zukommen; Villani hat derselben nicht gedacht. Hegel hat nun die „gewisse Gewalt" in der folgenden Bestimmung der Ordinamenti gefunden: Die 21 Sindici, welche von den Zünften gewählt sind, haben unter Anderem zu beschwören: wenn ein Zunftgenosse von einem Magnaten verletzt ist, so sind die Vorsteher der betreffenden Zunft auf Ersuchen des Verletzten oder eines Anderen „gehalten und verpflichtet", dem Podestà, dem Capitain, den Prioren oder dem Gonfaloniere den Fall vorzutragen, „sie zu ersuchen, zu bitten und mit Nachdruck dahin zu wirken"[1]), dass Recht werde. Was hier den Zunftmeistern als eine Pflicht durch Schwur aufgebürdet wird, soll eine „Gewalt" sein. Also eine Gewalt „des Ersuchens, des Bittens, des Erwirkens"! Ich denke: diese „Gewalt" hat jeder Staatsbürger gehabt; und wenn sie es war, welche Dino mit seiner alcuna balìa meint, so haben wir wahrlich nicht nöthig, ihm eine specielle Kenntniss der Verfassung zuzuschreiben oder gar seine Angabe auf ein Schriftstück zurückzuführen; denn mit einer solchen „Gewalt" sind vor Allem die Consuln, als geborene Advokaten der Zunftbefohlenen, kraft ihres Amtes, nicht einer besonderen Verleihung ausgestattet.

Wir sind mit Hegel's Einwänden noch nicht ganz zu Ende. Nach ihm soll Villani die Bestimmung, der Commune seien die ihr vom Adel entzogenen Gerechtsame zu erstatten[2]), auf die Ordinamente zurückführen; diese Bestimmung suche man aber vergebens, sowohl in den Ordinamenten, als in Dino's Chronik. Dass Villani den angeführten Satz den Ordnungen entnommen habe, sagt er aber nun keineswegs; er wird auch recht wohl gewusst haben, dass man eine derartige nur für den Moment geltende Verfügung[3]) nicht in die für alle Zeiten bindende Ver-

---

[1]) — et petere et supplicare et effectualiter procurare.

[2]) Den betreffenden Satz: che si ritrovassono le ragioni del commune hat Hegel S. 67 durchaus missverstanden, wenn er übersetzt: „dass die Rechnungen der Commune untersucht werden sollten". Wie ich im Texte, so hat schon Coppo Stefani die Sache aufgefasst, und die Richtigkeit dieser Auffassung beweist das folgende Kapitel Villani's.

[3]) Der Absicht des Gesetzes konnten dann freilich nicht gleich die ersten mit der Ausführung betrauten Männer völlig entsprechen: noch

fassung aufnimmt. Thatsache aber ist, dass zugleich mit den Ordnungen der Beschluss gefasst wurde¹), die Annexionen des Adels sollten der Stadt zurückgegeben werden, schon im nächsten Kapitel nennt Villani uns nicht bloss den Beamten, der sich in dieser Angelegenheit besonders hervorthat, sondern auch mehrere Besitzungen und Rechte, welche „für die Stadt wiedererworben wurden"²).

Einmal findet Hegel eine Uebereinstimmung zwischen Dino und Villani „gewiss auffallend", „aber die Benutzung ist nicht sicher". Die Sache verhält sich, wie folgt: Nach Villani VIII. 72 gehen 1304 *zwölf* Gesandte an den päpstlichen Hof; davon nennt er *fünf* in folgender Reihe: *messer Corso Donati, messer Rosso della Tosa, messer Pazzino de' Pazzi, messer Geri Spini, messer Betto Bruneleschi*. Nach Dino bestand dagegen unsere Gesandtschaft nur aus *fünf* Personen, aber gerade aus jenen fünfen, welche Villani von zwölfen genannt hat, und zwar zählt Dino sie ganz in der gleichen Reihenfolge auf, wie Villani, nämlich: Quelli che ci andarono: *messer Corso Donati, messer Rosso della Tosa, messer Pazzino de' Pazzi, messer Geri Spini e messer Betto Bruneleschi.*

Wer mir bei solcher Lage der Dinge entgegnet: „die Benutzung ist nicht sicher", wird mir schwerlich sagen können, wo alsdann in Sachen der Quellenforschung überhaupt noch eine

---

1298 und 1299 finden wir Officiales ad recuperandum bona communis und Sindici ad inveniendum iura communis. San Luigi Delizie IX. 338.

¹) Aber auch angenommen, die Bestimmung: che si ritrovassono le ragioni del commune habe Nichts mit der neuen Verfassung gemein; so lässt sich doch daraus noch lange kein Beweis für Dino's Selbständigkeit entnehmen. Er hat so Manches aus Villani's Chronik verschmäht; warum nicht auch dieses kleine Sätzchen? Um so eher mochte er es auslassen, als er es vielleicht ebenso wenig verstand, wie Hegel. Wenn Villani VIII. 1 sagt, dass die Verordnungen gegen die Grossen gerichtet waren, so wird man nicht so leicht begreifen, inwiefern der Satz: che si ritrovassono le ragioni del commune gerade die Grossen träfe. Zu dem Zwecke muss man schon Villani VIII. 2 gelesen haben.

²) Villani VIII. 2.

Sicherheit vorhanden sei. Wenn Hegel hier Zustimmung findet, so ist damit über mich das Urtheil gesprochen, dass ich bei all' meinen bisherigen Untersuchungen, soweit sie sich auf die Composition eines Geschichtswerkes bezogen, von einem falschen Prinzipe ausgegangen bin, dass ich sie nach einer falschen Methode durchgeführt habe.

Hegel fügt hinzu: „Villani nennt dieselben Namen ein anderes Mal in anderer Folge, und auch Dino verändert die Reihe an anderen Orten, wo Geri Spini als letzter auftritt." Was soll die Bemerkung? Weil Beide an anderen Orten, wo Dino von diesen, Villani von jenen Dingen handelt, die Namen in anderer Reihe aufzählen, als in den obigen Vergleichungen, soll darum an einer Stelle, wo beide über dieselben Ereignisse sprechen, die völlig gleiche Rangordnung ihre Beweiskraft verlieren?

Offene Zugeständnisse hat Hegel in diesem Theile seiner Arbeit mir nicht gemacht. Selbst betreffs jener Namen, welche in Dino's Chronik die Zahl der Verbannten von 1302 beschliessen, welche Villani aber mit einer sehr geringen Aenderung als „innere" Verräther von 1303 nennt, kann Hegel nur einräumen, einmal dass sie bei Dino an unrichtigem Orte stehen, dann dass „die Entlehnung aus Villani doch sehr wahrscheinlich" sei. Kaum um einen Schritt tritt er mir näher, wenn er zu den Nachrichten, dass Heinrich VII. Genua mit 30 Galeeren verlassen und am 6. März nach Pisa gekommen sei, „wirkliche Benutzung von Villani vermuthet"[1]. Andere Uebereinstimmungen sind von ihm überhaupt nicht beachtet worden[2]. So sollte man eigentlich glauben, Hegel wolle überall doch noch die Möglichkeit offen

---

[1] Hegel S. 83.
[2] Eine derselben mag hier wiederholt werden:
Villani VIII. 82.
(I Fiorentini) chiamarono *loro capitano di guerra Ruberto duca di Calavra, figliuolo e primogenito* rimaso *del re Carlo II. Il quale venne in Firenze* del mese d' Aprile del detto anno con una masnada di *300 cavalieri.*

lassen, dass Villani's Chronik nicht benutzt sei [1]): seine ganze Studie ist ja, wenn der Ausdruck auch nicht so oft vorkommt, in der That eine fortlaufende Reihe von „dunklen Punkten", von „ungelösten Räthseln". Aber in einem späteren Abschnitt hat er denn doch, ganz wider unser Erwarten, die „Entlehnung einzelner Sätze aus Villani" zugestanden [2]). Aber weshalb dann dieses frühere Schwanken? und weshalb namentlich ein so eigenthümliches Sträuben, aus dem Zugeständnisse die Consequenz zu ziehen? Diese aber wäre, erstens bei jeder wörtlichen Uebereinstimmung, zweitens bei gemeinsamen Fehlern die Chronik Villani's als Dino's Quelle anzuerkennen [3]). Nach beiden Richtungen ist Hegel an-

---

Dino ed. Manni p. 68.

I neri elessono per *loro capitano di guerra Ruberto duca di Calavria, figliuolo primogenito del re Carlo di Puglia. Il quale venne in Firenze con 300 cavalli.*

Die wörtliche Uebereinstimmung an sich würde schon genug beweisen; dazu kommt noch, dass jenes „primogenito", wie ich Florent. Studien 189. 190 zeigte, ohne das von Villani hinzugefügte, von Dino gestrichene „rimaso" gar nicht bestehen kann, wenn es historische Berechtigung haben soll. Und einen so schlagenden Fall übergeht Hegel, — Hegel, der es seinerseits S. 53 „merkwürdig" findet, dass Dino I. 10 und Villani XII. 132 einen ähnlichen Gedanken mit ganz verschiedenen Worten ausdrücken. Jener leitet seinen Bericht über die Ordnungen der Gerechtigkeit ein: Ritornati i cittadini in Firenze, si resse il popolo alquanti anni in grande et potente stato, dieser beschliesst seine Schilderung der Schlacht bei Campaldino: Dalla sopraddetta vittoria la città di Firenze esaltò molto e venne in buono e felice stato. Aus den angeführten Worten Villani's soll der von Hegel entdeckte Bearbeiter, da er eine Lücke in den Materialien des echten Dino fand, laut S. 105 sich einen „kühnen Uebergang" geformt haben. Weit gefehlt! Die angeführten Worte, womit unser Fälscher also den Bericht über die Ordnungen der Gerechtigkeit einleitet, haben mit Villani's Schluss der Schlacht bei Campaldino Nichts gemein: man wird vielmehr in dem Kapitel, welchem Dino fast all' seine Notizen über die neue Verfassung entnahm, auch die schlagende Parallele des grande e potente stato finden. S. oben Seite 53.

[1]) S. 65. 66 heisst es: „Die Abhängigkeit des Einen von dem Andern"; — wer der Eine, wer der Andere sei, scheint dahingestellt zu sein.

[2]) S. 104. 106 oben.

[3]) Oder auch bei Fehlern, die nicht Villani selbst beging, sondern

derer Ansicht. Wenn z. B. Villani und Dino in der Beschreibung der Schlacht bei Campaldino übereinstimmend sagen: fedìo i nimici per costa, so erklärt uns Hegel S. 37, dass in der ganzen Erzählung „nicht die mindeste Spur" einer Benutzung des Villani zu entdecken sei; wenn andererseits Villani und Dino die Kaiserkrönung Heinrich's VII. statt auf den 29. Juni, auf den 1. August 1312 ansetzen, so beruhigt sich Hegel S. 33 mit der Bemerkung, dass auch Wilhelm Ventura, der sein Werk 1325 abschloss, während Dino noch vor dem Jahre 1313 schreiben will, in Villani's Fehler verfallen sei: also habe auch Dino auf eigene Faust geirrt; oder wenn Villani und Dino den Papst Clemens bei seinem Taufnamen Ramondo, statt Bertrando nennen [1]), so meint Hegel S. 75 durch den Ausdruck des Verwunderns, wie es doch nur möglich sei, dass der Fälscher dem Villani bloss den falschen Namen ent-

---

nur der Schreiber gerade des Codex, welchen der Fälscher benutzte. In dieser Hinsicht verweise ich auf S. 12 Anm. 1; und viel schlagender ist vielleicht folgender Fall. Florent. Studien 137 hatte ich bemerkt, dass nach Villani VIII. 39 bei einer Schlägerei „con gli giovanni de' Donati erano de' Pazzi e degli Spini e altri loro *masnadieri*"; bei diesem Vorfalle nun, erzählt Dino I. 22, fu tagliato il naso a Ricoverino de' Cerchi da uno *masniedere* de' Donati, il quale si disse fu Piero Spini. Hier wie dort sind also namentlich die Spini, gleich den Pazzi eine der ersten Familien von Florenz, als Waffenknechte der Donati bezeichnet. Ich meinte nun, Villani habe sich einmal eines ganz unpassenden Wortes bedient, und darin sei ihm der Fälscher gefolgt. Dagegen hat mich Fanfani jüngst in der Zeitschrift L' emulazione 1875 S. 248 eines Besseren belehrt. Wie er bemerkt, liest die älteste Ausgabe der Villani'schen Chronik: erano de' Pazzi, delli Spini e con loro masnadieri, und gute Handschriften haben: con li loro masnadieri, et colloro masnadieri. Damit ist das „altri" gefallen, und man wird wohl behaupten dürfen, dass Villani selbst durchaus nicht vom allgemeinen Sprachgebrauche abgewichen sei. Das that aber ein späterer Abschreiber seines Werkes, und so wurde Dino verführt, die Spini zu Knappen der Donati zu erniedrigen.

[1]) Ueber zwei andere Fehler, die Beiden gemeinsam sind, vgl. Florent. Studien 54. 162. Dazu kommt noch ein weiteres Versehen, das Dino I. 17 und Villani VIII. 8 mit einander theilen. Sie lassen ganz übereinstimmend den grossen Giano della Bella am 5. März 1295 auswandern, erst darauf seine Verurtheilung erfolgen, und zwar soll diese

lehnt hätte, nicht auch erdichtete Reden, lange Wahlverhandlungen und -bedingungen, jedes Bedenken erstickt zu haben.

Eine durchgreifende Benutzung Villani's stellt Hegel S. 72 ganz besonders deshalb in Abrede, weil Dino's „Erzählung derselben Geschichten in Auffassung und Darstellung völlig abweichend, in den Thatsachen oft widersprechend ist". Weit entfernt die Richtigkeit dieser Bemerkung zu leugnen, habe ich sie vielmehr für meinen Beweis zu verwerthen gewusst. Indem ich einerseits die Benutzung Villani's festhielt, andrerseits eine überaus reiche Anzahl der eigenthümlichsten Widersprüche zu Villani erkannte, schrieb ich die Abweichungen, welche meist geradezu Verneinungen nicht bloss Villani's, sondern auch der wahren Geschichte sind, einem immer regen Widerspruchsgeist, einer stets bereiten Oppositionslust unseres Fälschers zu. „Ein solches Verfahren", meint nun Hegel, „scheint doch an sich kaum denkbar und wäre ohne Beispiel in der Reihe der gefälschten Historien." Wie ich schon bemerkte [1]), ist es Anderen nicht so undenkbar erschienen, als Hegel, und mit dem Satze „Nichts Neues unter

---

auf Verbannung gelautet haben. Die Sentenz trägt nun aber das Datum des 17. Februar 1295, und Giano wurde darin nicht verbannt, sondern zum Tode verurtheilt. Die betreffende Urkunde haben L. Aretinus Hist. Flor. 71 und Ammirato Ist. Fiorent. II. 27 ed. 1824 offenbar vor Augen gehabt: der Erstere sagt: urbe excessit absensque capitis damnatus est. Damnati sunt item cum eo Taldus frater et Rainerius nepos. Viel genauer ist der Letztere: (Guglielmo del già Currado pur de' Maggi) n' avea a' 17 di febbraio non solo condennati come ribelli in pena della testa il medisimo Giano et gli altri, (nämlich die kurz vorher Genannten: Taldo suo fratello et Rainieri di Comparino della Bella, lor nipote) ma anche Caterina, figliuola di Gianni et moglie di Galassino de' Castellani. Nur um einen Tag unterscheidet sich hiervon das Datum in den Bruchstücken der sogenannten Brunetto'schen Chronik, welche an den Rändern einer altitalienischen Uebersetzung der Chronik Martin's von Troppau sich finden: der ganz gleichzeitige Verfasser, über welchen Hartwig in der Augsb. Allg. Ztg. 1872. S. 52. 65. 66. 81. 82 handelt, setzt die Verurtheilung Giano's zum 18. Februar. Möchte Herr Hartwig, der mir seine Materialien gütigst zur Verfügung stellt, dieselben doch bald veröffentlichen!

[1]) S. oben S. 33 Anm. 1.

dem Monde" kann man in der Wissenschaft nicht bestätigen und noch weniger verneinen. Es kommt darauf an, ob Beweise von solcher Fülle und Kraft vorliegen, dass das „undenkbare Verfahren" doch gedacht werden muss. Ich glaube nun zwar, dieselben in meinem Buche erbracht zu haben; da sie aber dort zerstreut erscheinen, so mag eine Zusammenfassung und theilweise Erweiterung hier am Platze sein.

Mit einigen Beispielen, in welchen wörtliche Uebereinstimmung und sachlicher Widerspruch Hand in Hand gehen, will ich den Anfang machen.

Villani VIII. 72 hat aus zwölf Personen, die an den päpstlichen Hof gingen, nur fünf genannt; diese fünf aber und nur diese fünf kehren nun bei Dino wieder, und zwar in ganz gleicher Reihenfolge [1]). Für mich ist damit die Benutzung erwiesen. Damit verbindet sich jetzt sofort der Widerspruch. Nach Villani sind die Genannten, unter Androhung des Bannes und Güterverlustes, zum Papste beschieden worden; nach Dino hätte sie ihr eigener, nur von ihrer Klugheit geleiteter Wille an den päpstlichen Hof geführt. Die Richtigkeit der Angabe Villani's beweist aber der unmittelbare Zeitgenosse Paolino Pieri [2]).

Aehnlich verhält es sich mit Dino II. 27 und Villani VIII. 52. Jener erzählt von der Einnahme Seravalle's: il castello s' arrendè a patti, salve le persone; i quali non furono loro attesi, per chè i Pistolesi andarono presi. Dagegen sagt Villani, die Pistolesen hätten sich als Gefangene ergeben, und seine Behauptung wird durch Ptolomaeus von Lucca und Paolino Pieri bestätigt[3]). Dino aber hat widersprechen wollen. Das beweist zunächst sein „andarono presi". Auf die so natürliche Frage „Wohin?" giebt Villani die Antwort: andarono pregioni alla città di Lucca. Weiter ist es Villani selbst gewesen, der das Material bieten musste, damit Dino widersprechen könne. Was dieser nämlich von der Einnahme Seravalle's behauptet, erzählt jener im folgenden Kapitel

---

[1]) S. oben S. 59.
[2]) ed. Adami 80.
[3]) Vgl. Florent. Studien 165.

von der Uebergabe Montagliari's und Montaguto's: Quelle due castella s' arrenderono a patti, salve le persone.

Einen ziemlich gleichen Fall bietet der schon besprochene Krieg gegen Arezzo. Wie ich hier wiederhole, fanden wir auf kaum einer halben Seite folgende Parallelstellen zusammen: e molte ne feciono disfare — e alcune se ne disfece; dann: e andaronvi due de' priori — e andarono in quello oste due de' priori; weiter: e feciouvi correre il palio per la festa di San Giovanni — il dì di San Giovanni feciono correre un palio; endlich: feciono disfare le mura — desfeciono le mure. Dazu nehme man noch das kurz vorausgehende, hier und dort sich findende: fedio i nimici per costa; und man wird die Uebereinstimmung doch schon mit einem andern Prädikate bezeichnen müssen, als mit dem harmlosen: „auffallend". Aber auf der erwähnten halben Seite begegnen nun fast ebenso viel Widersprüche. Villani liess der Schlacht von Campaldino folgen: 1) Einnahme von Bibiena, 2) Zug gegen Arezzo, 3) Eroberung von Castiglione, Montecchio, Rondine, Civitella, Laterina, San Savino. Dagegen beginnt Dino mit Nr. 3, indem er nur Montecchio und San Savino übergeht, dann lässt er Nr. 2 folgen und schliesst mit Nr. 1. Also die gerade umgekehrte Reihenfolge und natürlich auch die ganz falsche! Wäre nicht Paolino Pieri, so würde schon ein Blick auf die Karte die Anordnung Villani's bestätigen.

Eine entgegengesetzte Chronologie, die zugleich wiederum keine Berichtigung Villani's, wohl aber die ärgste Verhöhnung der Wahrheit ist, findet man auch gegen Schluss des dritten Buches. Nach Villani VIII. 119 endet ein neuer Krieg, welcher im Juni 1310 gegen Arezzo unternommen wurde, mit der glücklichen Heimkehr der Florentiner, aber si lasciaro uno battifolle molto forte presso ad Arezzo[1]). Dann berichtet er VIII. 120 von der

---

[1]) Dazu stimmen die Annal. Arretini ap. Muratori XXIV. 864: 1310 venit exercitus Florentinorum Arretium et posuit battifolle super Turritam. Et iverunt Arrotini — et posuerunt exercitum ad battifolle Turritae, et Florentini recesserunt cum exercitu et deportaverunt trabuccos; et tunc Arretini ascendentes in batifolle ipsum combusserunt. Kürzer heisst es in der Cronaca Sanese ap. Muratori XV. 46: E in

Gesandtschaft Heinrich's VII., an deren Spitze Ludwig von Savoyen den 3. Juli 1310 nach Florenz kam [1]); IX. 7 handelt er von der einmal gefassten, aber nicht ausgeführten Absicht der Florentiner [2]), ihrerseits auch Boten an den deutschen König zu schicken. All' diese in's Jahr 1310 gehörenden Ereignisse verlegt nun Dino zunächst in's Jahr 1312, weiter beginnt er mit jener Thatsache, womit Villani's Erzählung endet; er lässt die Sendung Ludwig's folgen; und weil er die Consequenz im Widerspruche liebt, so setzt er die Unternehmungen gegen Arezzo, mit welchen Villani anhob, nicht bloss an's Ende, sondern er stellt diese selbst auch noch gleichsam auf den Kopf: er beginnt: i Fiorentini feciono fare un batifolle a Arezzo, und schliesst mit Villani's Anfang, mit der Erneuerung des Krieges gegen Arezzo! Glücklicher Weise haben wir nun ausreichendes Material, um die Chronologie Villani's einer Prüfung zu unterziehen, und sie bewährt sich, wie Gold im Feuer. Was folgt daraus für Dino's Chronik? Gewiss, dass sie gefälscht ist, aber auch nach welchem Princip der Autor verfuhr.

In anderem Zusammenhange ist schon von der Ehe Forese Adimari's die Rede gewesen [3]). Nach Dino wurde sie während des Exils der Ghibellinen, der Herrschaft der Welfen geschlossen; Villani setzt sie in eine Zeit, da die vertriebenen Welfen soeben von den herrschenden Ghibellinen wieder in die Stadt aufgenommen waren. Dino bezeichnet sie als „jene kleine Quelle", aus welcher die Versöhnung von 1280 hervorgegangen sei, nach Vil-

---

questo anno 1309 e' Fiorentini fecero oste ad Arezzo e fecervi uno battifolle e patirsi. Der Autor hat das Jahr, indem er ganz wie Paolino Pieri den Wechsel der Podestà zu Grunde legt, in zwei Abschnitte getheilt; er beginnt auch wie Paolino mit dem Juli, weil das wahre Jahr für ihn erst mit dem 25. März endete. Danach soll denn die obige Notiz, die sich im zweiten Theile von 1309 findet, zwischen Januar und Juli 1310 gehören. Wir haben also nicht, wie es auf den ersten Blick scheinen könnte, einen Widerspruch in den Jahren.

[1]) Am 28. Mai 1310 waren sie in Asti gewesen; damit lässt sich denn der 3. Juli für Florenz sehr gut in Einklang setzen.

[2]) Der betreffende Entschluss war im November 1310 gefasst. Florent. Studien 193 Anm. 1.

[3]) S. oben Seite 14. 15.

lani führte sie nicht erst zu einer Verständigung, sondern sie sollte eine schon getroffene nur noch mehr befestigen: sie war zum Schlussstein des Friedens von 1267 bestimmt. Thatsächlich aber hat sie den Keim eines neuen Zerwürfnisses in sich getragen; anstatt die kleine Quelle einer grossen Versöhnung zu werden, führte sie in kürzester Zeit dahin, dass die Ghibellinen von den jüngst erst wieder eingelassenen Welfen vertrieben wurden. Und neben solchen Widersprüchen finden wir doch für die Ehe selbst ziemlich dieselben Worte gebraucht!

Von den ersten, den drei Prioren sagt Dino I. 4: *raunaronsi nella chiesa di San Procolo*; von den folgenden, den sechs: stettono *rinchiusi* nella torre della Castagna appresso alla Badia. Nach Villani VII. 79 waren dagegen die Prioren, offenbar sowohl die drei als die sechs: *rinchiusi* nella casa della Badia, dove anticamente si *raunavanso* gli anziani [1]).

Hegel S. 70 muss zugestehen, dass die Namen jener Weissen und Schwarzen, welche zu Anfang der Parteiungen aus Florenz verwiesen wurden, bei Dino I. 21 und Villani VIII. 42 ziemlich übereinstimmen [2]). Er meint dann wohl, hier könne vielleicht das Verbannungsdekret gemeinsame Quelle sein; aber er bedenkt dabei nicht, 1) dass der Zeitgenosse Dino, der nach eigener An-

---

[1]) Ich wähle gerade das angeführte Beispiel, weil Hegel S. 60 sagt, hier lägen keine Widersprüche vor. Villani spräche vom regelmässigen Versammlungsort, Dino habe dagegen nicht behauptet, dass die Prioren in San Procolo „regelmässig" zusammengekommen seien! Aus dem Wechsel von raunaronsi und rinchiusi, welchen Dino von Villani übernimmt, erkennt man wohl die Unrichtigkeit von Hegel's Deutung. Villani hat rinchiusi und raunaronsi als Synonyma gebraucht; rinchiusi aber verlangt jedenfalls, nicht ein vorübergehendes, sondern dauerndes Zusammensein. Aber angenommen raunaronsi hätte nicht die gleiche Bedeutung mit rinchiusi — wie sollte Dino dazu gekommen sein, uns das regelmässige Versammlungslokal der sechs, ein gelegentliches der drei Prioren zu nennen?

[2]) In den Codices des Villani, welche von der Zerstörung nur der Häuser des einen Verbrechers reden, nicht auch der Geschlechtsgenossen, fehlen die Namen des Giachinotto und Pazzino de' Pazzi. Vgl. oben S. 12 Anm. 1 und S. 54 Anm. 1.

gabe auf die Verbannung seinen Einfluss ausübte[1]), über ein solches Ereigniss nicht nach Urkunden berichtet haben würde, 2) dass bei gemeinsamer Quelle nicht jene Erscheinung, auf welche es uns hier ankommt, in so auffallender Weise wiederum hervortreten könne. Die Widersprüche aber sind: Dino setzt Ursache und Vollzug des Bannes in den Juni 1300[2]), Villani in den Anfang 1301, und hier wenigstens findet er eine Bestätigung durch Coppo Stefani, welcher die Ursache in den Januar 1301, den Vollzug in den Februar 1301 gesetzt hat[3]). Ferner lässt Dino die Bannsentenz der Versammlung von S. Trinità vorausgehen, nach Villani wäre das Umgekehrte der Fall gewesen; Dino bezeichnet eine Schlägerei als Ursache des Bannes, Villani begründet ihn damit, dass eben in S. Trinità eine Verschwörung gegen die bestehende Staatsform angezettelt ward: nach Dino hätte dagegen die Versammlung den Zweck gehabt, die Zurückberufung der Schwarzen zu bewirken.

Dino II. 35 und Villani VIII. 63 erzählen übereinstimmend, dass Sciarra della Colonna mit den Insignien des französischen Königs nach Anagni gekommen sei, um Bonifaz VIII. gefangen zu nehmen. Hier und dort *entrò in Alagna,* hier und dort *con genti assai.* Dann aber erzählt Villani, ganz der Wahrheit gemäss, dass die treue Bürgerschaft von Anagni den Papst aus den Händen seiner Feinde befreit habe; nach Dino wird er, immer noch ein Gefangener, nach Rom geführt[4]); und wie sanft

---

[1]) I signori sdegnati ebbono consiglio da più cittadini, e io Dino fui uno di quelli.

[2]) Andando una vilia di S. Giovanni etc.

[3]) Im Allgemeinen folgt Coppo Stefani ja dem Villani, aber Einzelnes muss er doch anderen Quellen entnommen haben. So z. B. die nun durch eine Urkunde bestätigte Angabe, dass bei der grossen Staatsumwälzung, welche der Ankunft Karl's von Valois folgte, gerade am 7. November 1301 neue Prioren eintraten; so denn auch die oben angezogenen Daten: In questo anno (1301) del mese di Gennaio messer Corso Donati etc. Nel detto anno 1300, nach unserer Rechnung 1301, di Febbraio messer Corso partito per lo bando etc. San Luigi Delizie X. 11. 14.

[4]) Wie Hegel S. 74 diesem Umstande gegenüber annehmen konnte, Dino folge ganz wie Villani und Paolino Pieri dem öffentlichen Gerüchte,

und fromm hat Dino ihn dabei geschildert! Sanza fare alcuna difesa o scusa, fu menato a Roma. Villani lässt dagegen den Befreiten von Anagni aufbrechen, per fare concilio con intendimento di sua offesa e di santa chiesa fare grandissima vendetta. Während er dann nach Villani, dessen Erzählung dem allgemeinen Gerüchte folgt, in einer Krankheit gleich einem Rasenden sich zerbeisst und so den Geist aufgiebt, sagt Dino, er sei — doch wohl von seinen Feinden — auf den Kopf geschlagen[1]) und dann in Raserei gestorben.

Geradezu das Gegentheil von Villani hat Dino besonders an folgenden Stellen behauptet. I. 6 bezeichnet er als Grund des Aretiner Krieges von 1289, dass Siena dem Bischofe von Arezzo die Burg Poggio San Cicilia genommen hätte; er nennt sie ausdrücklich eine Besitzung des Bischofs; nach Villani VII. 110 hatte vielmehr der Bischof das seit Langem den Sanesen gehörende Castell zur Empörung gegen seinen rechtmässigen Herrn verführt[2]). — Ebendort tadelt Dino einen Feldherrn der Florentiner als: non molto sperto in fatti d'arme; bei derselben Gelegenheit rühmt ihn Villani VII. 130 als: prode e savio in guerra. — Nach Dino I. 17 kommt der kaiserliche Legat Johann von Chalons auf Bitten der Florentiner Welfen; nach Villani VIII. 10 wird er von den Ghibellinen berufen. — Dann verweise ich auf Villani VIII. 41 und Dino I. 20. Nach Beiden haben sich bei Gelegenheit eines Begräbnisses die Cerchi und Donati entzweit; nun fährt Villani fort, die Cerchi hätten die Donati zuerst in ihren Wohnungen am Petersthore aufgesucht,

kann ich mit dem besten Willen nicht verstehen. Villani und Paolino wissen ja von der Befreiung, deren Kunde sich natürlich wie ein Lauffeuer durch Italien verbreitete. Dass ein deutscher Chronist viel späterer Zeit, Königshofen von Strassburg, den Papst im Gefängniss sterben lässt, also mit Dino in Etwas übereinkommt, kann doch unmöglich beweisen, auch zeitgenössische Italiener hätten Nichts von der That der Anagnier gewusst. Wenigstens für Dino's Vaterstadt ist durch Villani und Paolino das Gegentheil dargethan.

[1]) — fu ferito nella testa. Das heisst doch nicht, wie Hegel sagt: er zerstiess sich den Kopf.

[2]) Vgl. oben S. 22.

dann seien sie nach San Piero Maggiore geeilt, und dort kommt es nun zum Handgemenge, in welchem die Cerchi unterliegen. Ebenso, nur noch viel genauer, hat auch unser vortrefflicher Paolino Pieri[1]), der als Kaufmann von San Piero Maggiore wohl Augenzeuge war, den Verlauf des Kampfes geschildert. Nach Dino hat sich dagegen der rauflustige Pöbel vor den Häusern der Cerchi versammelt: er hätte es gar zu gern gesehen, wenn man gegen die Donati ausgezogen wäre. Aber die Cerchi wollen nicht zustimmen. Keine Verfolgung, kein Kampf! — In Uebereinstimmung mit Urkunden und Chronisten[2]) erzählt Villani VIII. 49, dass Karl von Valois den 1. November 1301 in Florenz eingezogen sei; Dino II. 9 berichtet dagegen, die Florentiner Gesandten hätten den Franzosen gebeten, nicht am 1. zu kommen, weil ihre Mitbürger dann den neuen Wein zu trinken pflegten, sondern am folgenden Sonntag. Und demgemäss lässt er den Einzug denn auch nicht am 1., sondern am 4. stattfinden. — Nach Villani VIII. 49 hat Karl am 5. November 1301 die Florentiner in S. Maria Novella versammelt; in Gegenwart aller Beamten, namentlich der Prioren, übernimmt er das Regiment und beschwört „mit eigenem Munde" die Verfassung[3]). So Villani, welcher der Scene selbst beiwohnte. Auch Dino II. 13 erzählt von einer Versammlung, die Karl in S. Maria Novella abhält. Da aber nur drei Prioren erscheinen, so geschieht Nichts. Erst einige Tage später lässt Karl den Schwur durch seinen Marschall leisten: im Hause der Prioren nimmt Dino selbst ihn entgegen[4]). — Dino II. 30 beklagt sich darüber, dass Donato Alberti „gegen die Gesetze" hingerichtet sei; nach Villani VIII. 60

---

[1]) Vgl. Florent. Studien S. 128. Dazu kommen noch die schon öfter erwähnten Randglossen, durch welche uns Bruchstücke der sog. Chronik des Brunetto Latini erhalten sind: I Cerchi corsero a casa di messer Corso, gridando „Al fuoco!" Der Streit endet auch hier mit einer Niederlage der Cerchi.
[2]) Vgl. Florent. Studien S. 143 und oben S. 19 Anm. 4.
[3]) — essendosi raunati podestà e capitano e priori etc. — e rimessa in lui la signoria e la guardia della città.
[4]) — giurorono nelle mani a me Dino, ricevente per lo commune, — che riceveva la guardia della terra sópra se. II. 17.

wird Donato in Gemässheit eines Gesetzes, das er selbst durchgebracht hatte, zum Beile verurtheilt; und die Ordnungen der Gerechtigkeit beweisen [1]), dass seine Angabe richtig ist!

Die stärkste Probe seiner Oppositionslust giebt Dino aber doch, wenn er sich als den ersten Häuserzerstörer bezeichnet. Er hatte Villani VIII. 1 vor Augen: gerade in der dort gegebenen Skizze der neuen Verfassung, wie wir sahen, stimmt er am Genauesten mit ihm überein. Und in demselben Kapitel las er nun, dass der erste Gonfaloniere, Baldo de' Ruffoli, an den Häusern der Galli die erste Execution ausgeführt. Gleichwohl erkühnt sich Dino I. 12, seinen Namen an Stelle des Baldo de' Ruffoli zu setzen!

Nach diesen, leicht zu vermehrenden Proben scheint mir doch eine bestimmte Absicht unleugbar zu sein. Indem ich den krassen Widerspruch zu Villani einer-, die zuweilen wörtliche Uebereinstimmung mit ihm anderseits mir nochmals vergegenwärtigt habe, meine ich getrost zu meiner früheren Behauptung zurückkehren zu dürfen, ja zu müssen: In seinem Verhältniss zur Villani'schen Chronik gleicht der Fälscher einem trotzigen Knaben, der sich gegen die eigene Mutter auflehnt, aber der harte Ausdruck des Trotzkopfes lässt den Kundigen doch noch immer die weichen Züge der Mutter erkennen.

---

[1]) Wenn ich Florent. Studien S. 168 sagte, ich könne das Gesetz nicht nachweisen, so habe ich damals Villani's Worte, Donato sei hingerichtet per quella legge medesima, *ch' egli area fatta e messa in ordine di giustizia, quando egli era priore*, nicht gehörig beachtet. Danach musste sich das Gesetz in den Ordnungen der Gerechtigkeit finden. Diese sind nun am 10. April 1293 erweitert worden, und damals war Donato Prior. Vgl. San Luigi Delizie VIII. 65. Unter den Zusatzartikeln finden wir aber auch das obige Gesetz. In dem §. De licteris vel nunptiis non mictendis ad inimicos communis Florentiae erhalten Podestà und Capitain betreffs Desjenigen, welcher einem Feinde irgendwelche Hülfe, Rath, Gunst durch sich oder Andere erweist, plenissimum arbitrium inquirendi, procedendi, puniendi, prout eis videbitur convenire. Das passt ganz auf Donato's Fall.

Nicht besser, als gegen Villani, beträgt sich der Fälscher gegen andere Autoren, deren Werke ihm vorlagen oder irgend einmal durch die Hände gegangen waren.

So gegen Paolino Pieri, dessen Chronik er auch nach Hegel's Meinung gekannt hat. Ihm verdankt er namentlich die Anregung, jene schon erwähnten Gräuelscenen von 1299 zu erfinden; aber während nun Paolino seine weit harmlosere Erzählung an den Podestà Messer Monfiorito von Treviso knüpft, macht Dino den Monfiorito zu einem Paduaner, lässt er die Paduaner für ihren Landsmann Fürbitte einlegen. Wir sahen aber, dass Monfiorito in der That aus Treviso stammt, und all' die Künste, welche Hegel S. 45 aufwandte, das Dino'sche Ungeheuer den Paduanern aufzubürden, sind bis auf Weiteres verlorene Liebesmühe. Gewiss muss ich zustimmen, dass die Aenderung von Treviso in Padua „eine ganz unnöthige" ist; aber von einer Nothwendigkeit wird man auch bei den früher erwähnten Aenderungen nicht reden dürfen. Ob sich der Widerspruch zu Paolino aber „begreifen" lasse, wie Hegel bezweifelt, mögen Andere auf Grund des vorhin entwickelten Princips doch vielleicht bejahen.

Von den übrigen Quellen, die der Fälscher nach meiner Meinung benutzt hat, erwähne ich nur noch der Priorenreihe. Dino hat seinen Lesern die Prioren von vier bedeutenden Zeitabschnitten mitgetheilt; — ganz wie es dem officiellen Gebrauche entspricht, hat er den viermal sechs Namen nicht das Handwerk ihrer Träger beigefügt; nur einmal macht er eine Ausnahme. Und nur Eine Ausnahme macht für dieselben vier Priorenreihen auch Coppo Stefani. Beide aber machen die Ausnahme eben bei demselben Namen, und mit dieser eigenthümlichen Uebereinstimmung trifft nun der Widerspruch zusammen: Dino nennt den Banchino di Giovanni einen Bäcker, Stefani einen Schenkwirth [1]).

Was von dem nachweisbaren Material, gilt natürlich auch von den uns noch verborgenen Quellen. Namentlich eine Stelle des dritten Buches muss durchaus auf Grund irgendwelcher Ueberlieferung in's völlig Verkehrte umgestaltet sein.

---

[1]) Vgl. S. 53 Anm. 1.

Dino II. 4 erzählt, dass die Weissen von Florenz Gesandte an den Papst geschickt hätten, dass zugleich mit ihnen auch die Sanesen nach Rom gegangen seien. Aber unter diesen war ein schlechter Mensch, „Ubaldino Malavolti, Richter zu Siena", der mehrfach Halt machte, um etliche Gerechtsame auf eine, von den Florentinern besetzte Burg zurück zu verlangen. Dadurch aber behinderte er die Fahrt derartig, dass man zu spät in Rom eintraf.

Diese sonderbare Geschichte hat schon Wegele in seinem Leben Dante's mit einer Art geringschätzigen Mitleids behandelt[1]). Ich will ihre Wunderlichkeiten nicht im Einzelnen erörtern; — auf die folgenden Momente[2]) wird es ankommen. Der Richter Ubaldini Malavolti, welchen Dino in doppelter Weise als Sanesen gekennzeichnet hat, ist ein Bolognese: wer das reichhaltige Buch, welches Ghirardacci über Bologna geschrieben hat, für diese Zeiten nur ein wenig durchblättert hat, begegnete mehr als einmal dem Dr. jur. Ubaldino Malavolti[3]). Und das Geschlecht Malavolti von Bologna war es nun, welches den Florentinern einen Besitz streitig machte. Im Jahre 1297 ritten sie, von einer beträchtlichen Schaar gefolgt, gegen die florentinische Burg Tirli[4]), um durch Räubereien und Brandstiftungen die Florentiner für den vorenthaltenen Besitz zu züchtigen[5]). Darob beschwerte sich nun Florenz und Bologna antwortete: de his, que facta fuerunt per illos de Malavoltis, de quibus commune Florentie dicit sibi iniuriam factam, commune Bononie dolet ultra modum. Der Podestà, der Gonfaloniere, die Prioren und

---

[1]) S. 135 Anm. 4.
[2]) Mit vielem Danke bemerke ich hier, dass Herr Th. Wüstenfeld mich auf dieselben hingewiesen hat.
[3]) Ghirardacci Historia di Bologna I. 267. 283. 285. 291. 297. 317. 340. 345. 381. 419. 433. 441. 493.
[4]) Tirli di Firenzuola im Thale des Santerno. Ein anderes Tirli di Castiglion della Pescaja liegt im Küstenbezirke von Grosseto.
[5]) Ich kenne die Thatsache aus der Anmerkung, welche Borghini zu der folgenden Urkunde hinzufügte; er setzte die „cavalcata a Tirli" in den Februar 1297, musste also seine bestimmten Daten vor sich haben. Weniger genau ist Christofero del Bianco in Ammirato Hist. Fiorent. II. 44 ed. 1824.

das Volk von Florenz sollten Richter sein: ihr Urtheil würde Bologna vollstrecken¹).

Wie man sieht, liegt Dino's Geschichte ein wahrer Kern zu Grunde, aber die Begebenheit ist von Bologna auf Siena übertragen, und zwar hat der Fälscher seinen Materialien, deren Beschaffenheit dahingestellt bleiben muss, in doppelter Weise widersprochen. Gerade wie es ihm bei Monfiorito von Treviso nicht genug war, denselben zu einem Paduaner zu machen, wie er für den Unglücklichen, damit über seine Herkunft ja kein Zweifel sei, auch noch die Fürbitte der Paduaner eintreten liess, so heisst nun Ubaldini ausdrücklich ein Richter von Siena²) und wird Mitglied der Saneser Gesandtschaft.

Nach all diesen Widersprüchen, welche der Fälscher gegen seine Quellen erhoben hat, darf ich wohl noch einmal daran erinnern, dass in einer Urkunde von 1307, der an Vollgültigkeit Nichts fehlt, zwei Thatsachen überliefert sind: 1) die Prioren vom 15. Oktober haben einige Tage vor ihrem Amtsantritte in Santa Croce gewohnt, 2) denselben wird am 7. November 1307, da sie ihr Amt niederlegen, das Recht freier Versammlung zuerkannt. Nr. 1 finden wir auch in Dino's Erzählung; statt Nr. 2 hören wir von ihm, dass die Prioren des 7. November ihren Vorgängern bei Todesstrafe jede Zusammenkunft verboten hätten.

Und wenn nun dem Fälscher daran lag, eine cronica scoretta zu schreiben, — Stradino hat den Namen davongetragen, aber einer Caprice, wie sie dem Namen entspricht, mag auch ein Anderer sich hingegeben haben, — ist es dann gar so unwahrscheinlich, dass Dino die Widersprüche in seiner eigenen Erzählung gleichfalls beabsichtigt habe? Könnten nicht z. B. die unvereinbaren Schilderungen des Lapo Ulivieri, der zuerst ein braver Mann, dann ein nichtswürdiger Geselle ist, in Dino's Princip begründet sein³)?

---

¹) San Luigi Delizie degli eruditi Toscani IX. 369.

²) Um so lieber mochte er den Ubaldino zu einem Sanesen machen, als es auch in Siena eine Familie Malavolti gab. Ich erinnere nur an Malavolti Historia dei Sanesi. Venezia 1599.

³) In einem fünften Paragraphen handelt Hegel über die Chronik

III.

Eine Reihe von Angaben Dino's, namentlich des dritten Buches, für die ich keine Quellen nachgewiesen habe, sind von Hegel auf das Sorgfältigste geprüft worden. Und er hat nun gefunden, dass hier gar Manches zur Hälfte verkehrt, zur Hälfte wahr ist. Letzteres erklärt sich dann nur aus der vortrefflichen Kenntniss des Zeitgenossen, Ersteres soll erst recht für den Zeitgenossen zeugen, denn Dino sage ja im Vorwort, er wolle seine Geschichte nach Hörensagen schreiben: wenn er Quellen benutzt hätte, so wäre ja der Irrthum nicht möglich!

Hegel handelt S. 85 über die falsche Angabe, Bischof Theobald von Lüttich sei, zugleich mit dem Kardinal von Albano, in Lucca gestorben. Das soll nun von einer Verwechselung herrühren: es „ist immerhin denkbar bei einem Zeitgenossen, der nach Hörensagen schrieb, aber nicht bei einem Fälscher, der aus

---

als Ganzes; einige Punkte seiner Erörterung werde ich im dritten Kapitel besprechen. Ein sechster und letzter Paragraph des zweiten Kapitels ist der Sprache gewidmet. Hegel sucht vor Allem das Wort „marciare" zu beseitigen: er liest marcare. Dagegen hat dann Fanfani in seiner Zeitschrift Il Borghini II. 71—73 darzuthun gesucht, dass marcare an der betreffenden Stelle keinen Sinn gebe. Doch was will ein einzelnes Wort aus späterer Zeit bedeuten, wenn wir mit Hegel einen Ueberarbeiter annehmen? Da wird die sprachliche Untersuchung höchstens dann noch von einiger Bedeutung sein, wenn sie beweisen kann, dass ein Wort, welches die Zeitgenossen Dante's nicht kannten, wieder und wieder gebraucht wurde, denn es ist doch nicht anzunehmen, dass der Ueberarbeiter an allen Stellen das neue Wort eingesetzt habe, zumal dann nicht, wenn das alte auch in seiner Zeit noch durchaus gäng und gebe war. Derart möchte nun famiglia im Sinne von stirps und gens sein. Wo Villani sich des Wortes famiglia bedient, geschieht es immer in der klassischen Bedeutung von „familia"; er begreift darunter also den Personenbestand eben nur Eines Hauswesens: für Geschlecht setzt er dagegen il legnaggio, la schiatta, la casa, quelli di N. N., aber niemals la famiglia. So aber soll der Sprachgebrauch bis auf Boccaccio geblieben sein, erst da soll famiglia den Begriff von gens und stirps angenommen haben. Dagegen sagt nun Dino ganz regelmässig la famiglia. Z. B. una famiglia che si chiamavano i Cerchi; (i Cavalcanti) erano potente famiglia e circa sessanta uomini erano da portare arme etc.

den Quellen schöpfte, denn was hätte dieser sonst von dem Bischofe von Lüttich erfahren, als eben nur dies, dass er zu Rom umkam"?

Darf man so schliessen? Ein Beispiel mag die Antwort geben: In einer chronologischen Untersuchung, die Hegel gegen mich richtet[1]), dient ihm als hauptsächlichster Beweisgrund, dass Dante im Juni und August *1301* Prior gewesen sei. Was aber hat Hegel in allen Quellen, welche er benutzte, anders über Dante erfahren, als dass sein Priorat in den Juni und August *1300* fiel? Wie Hegel hier, trotzdem er Quellen benutzte, die Jahre verwechselt, so konnte der Fälscher, wie manches gute Geschichtsbuch er gelesen haben mag, auch die Städte verwechseln, — er um so leichter, als er ja weit entfernt war, auf seine Angabe eine ganze Untersuchung zu stützen[2])!

Aehnlich verhält es sich mit der Folgerung, welche Hegel S. 79 zieht. Als Grund einer Empörung, die gegen den Markgrafen von Este ausbricht, bezeichnet Dino den Umstand, dass Azzo seiner Gemahlin Modena und Reggio als Heirathsgut geschenkt habe. In Wahrheit hat der Bruder des Markgrafen zu den Waffen gegriffen, weil in Azzo's Heirathsvertrag „die Bestimmung enthalten war, dass im Falle ein Sohn geboren würde, dieser die väterlichen Besitzungen erben solle". „Man sieht", triumphirt Hegel, „wie die irrige Auffassung, welche Dino zu Ohren kam, entstanden war. Ein späterer Fälscher hätte dies sicher nicht erfunden!"

Ich denke: wenn dem Fälscher die eine Thatsache, dass die Vermählung den Zwist hervorgerufen, an die Hand gegeben war, so konnte er recht gut die obige Fabel daraus machen. Gott walte, dass der Grundsatz, welcher aus Hegel's Behauptung spricht, nicht Gemeingut der Kritik werde! Wir würden es alsdann erleben, dass die halbrichtigen und halbverkehrten Angaben,

---

[1]) S. oben S. 43 Anm. 1.

[2]) Ueber einen anderen Irrthum, welchen Dino nach dem „öffentlichen Gerüchte" begangen haben soll, vgl. oben S. 68 Anm. 3. Ich zeigte dort, dass das öffentliche Gerücht eben ganz das Gegentheil besagte.

die spätere Compilatoren etwa über die Zeit Karl's des Grossen bringen, auf das Hörensagen zeitgenössischer Schriftsteller zurückgeführt würden. Man würde vielleicht zuletzt noch den Versuch machen, die verlorenen Werke dieser karolingischen Autoren wiederherzustellen.

Doch nicht Alles ist halbverkehrt, halbrichtig; daneben findet sich einmal durchaus Verkehrtes, welches eben nicht für einen Zeitgenossen spricht, dann aber allerdings auch ebenso Richtiges. Letzteres, meint nun Hegel S. 86, setze bei einem Fälscher „eine so umfassende Quellenforschung der Zeitgeschichte voraus, wie sie bei einem spätern Autor, sagen wir des 16. Jahrhunderts, geradezu undenkbar ist". Derselbe Gedanke wird dann S. 102 noch genauer dahin gefasst: „Der Fälscher des Dino musste nicht bloss eine Reihe von florentinischen Chroniken, den Villani, Paolino Pieri, Simone della Tosa, Marchionne Stefani, sondern auch die Urkunden des Staatsarchivs gekannt haben. Dazu für die Papst- und Reichsgeschichte den Bernhardus Guidonis, den Albertinus Mussatus, den Nikolaus von Butrinto und noch eine ganze Anzahl von Localchroniken." Und das Zusammenbringen eines derartigen weitschichtigen Quellenmaterials scheint Hegel undenkbar.

Ich will zunächst die Richtigkeit des weitschichtigen Quellenmaterials einmal einräumen, — es giebt Autoren, die über einen wohl zehnmal reicheren Vorrath verfügen. Im dreizehnten Jahrhundert z. B. Albrich von Troisfontaines, im vierzehnten Heinrich von Herford; und von Biondo, welcher etwa ein älterer Zeitgenosse des Fälschers gewesen sein möchte, meint Tiraboschi: wenn man seine Werke läse, müsse man doch eine grosse Idee von dem weiten Wissen und dem unausgesetzten Studium des Autors gewinnen. An gelehrten Leuten, die unendlich viel gelesen hatten, der eine in dieser, der andere in jener Richtung, hat es nicht gefehlt. Auch Urkunden hat man schon zu benutzen gewusst; z. B. macht Leonardo Aretino in seinem Leben Dante's die ganz gelegentliche Bemerkung, dass die Akte einer Verschwörung, die sich gegen Karl von Valois richtete, noch unter den anderen öffentlichen Papieren im Palaste zu finden sei¹); — und im folgenden Jahrhundert, gerade in dem Jahrhundert, für welches Hegel eine so umfassende Quellenforschung undenkbar hält, da hat Vincenzio Borghini²) in ganzen Bänden die Schätze der Florentiner Archive gesammelt: theils sind es Abschriften, theils Regesten, — noch heute ist Borghini's Arbeit die wesentlichste Quelle unserer Belehrung³). Mit Einem Worte: man muss die historische Thätigkeit der damaligen Zeit nicht nach Macchiavelli beurtheilen. Ihm kommt es nur auf die grossen Gesichtspunkte an, und dafür genügte die Benutzung von Villani's Chronik: die Philosophen der Geschichte, denen man gewiss den Macchiavelli zuzählen darf, kümmern sich nicht um Quellenforschung.

Aber muss denn der Fälscher wirklich ein so weitschichtiges Material benutzt haben?

Wenn wir Nachrichten eines späteren Chronisten, welche auch für die frühere Geschichte der Kaiser und Päpste, dann z. B. der einen und anderen Stadt Ober- und Mittelitaliens einigen Werth haben, auf keine bestimmte Quelle zurückführen können: so werden wir doch deswegen nicht die Benutzung einer Chronik von Pistoja, Arezzo, Mailand, Ferrara u. s. w. annehmen. Statt sich für eine Schaar uns unbekannter Vorlagen zu erklären, wie Hegel S. 102 es thut, wählt man das einfachere Auskunftsmittel, dass z. B. in einer verlorenen oder uns heute verborgenen Chronik von Arezzo ganz vortreffliche Dinge über Pistoja, Mailand, Ferrara u. s. w. sich fanden oder finden. So sind die Herausgeber der Monumenta, bezüglich des deutschen, viel dürftigeren, viel besser zu übersehenden Materials, an mehr als einer Stelle verfahren. Was wir aus Italien noch zu erwarten haben, müssen

---

¹) Vita di Dante ed. Galletti 48. Natürlich sind auch in seiner Hist. Florent. viele Urkunden verwerthet. Auf das gegen Giano della Bella gerichtete Dekret machte ich schon S. 62 Anm. 1 aufmerksam; ein sich anschliessender Brief ist Hist. Florent. S. 72 benutzt u. s. w.

²) Geb. 1515. Auch auf Onofrio Panvinio könnte man verweisen.

³) In den Beilagen zu Coppo Stefani's Geschichte von Florenz hat San Luigi Delizie VII figg. aus Borghini's Sammlungen eine Fülle von Akten, Briefen u. s. w. veröffentlicht.

wir der Zukunft überlassen. Vielleicht war es nur eine mittelmässige Compilation des 15. Jahrhunderts, welche der Fälscher ausbeutete.

Wie aber auch immer, — dass neben dem Halbverkehrten und Halbrichtigen auch ebensowohl Richtiges, wie Verkehrtes sich findet, dass wir dieses Richtige auf keine bestimmte Quelle zurückführen können, ist ein für unsere Frage keineswegs durchschlagendes Moment. Hegel hat demselben eine ganz ungebührliche Wichtigkeit beigelegt: mit seiner Hülfe rettet er nicht bloss den Compagni, nein, er eröffnet uns auch die Aussicht auf Rettung des Matteo di Giovenazzo: „Ein Theil des Inhaltes lässt sich nicht auf bekannte Quellen zurückführen, und scheint doch ebenso wenig im 16. Jahrhundert erfunden zu sein[1]!" Wenn das in diesem Satze ausgesprochene Prinzip siegt, so möchte die Zeit nicht fern sein, da jede neue Doktordissertation uns eine neue Rettung bringt.

„Und alle solche Mühe des Sammelns und Forschens", fährt Hegel fort, „hätte der Fälscher aufgewandt, um eben diesen Quellen nur hier und da zu folgen, öfter aber aus Widerspruchs- oder Lügengeist zu widersprechen." Wir sahen eben, dass sich „das weitschichtige Material", welches an sich schon ohne alle Beweiskraft ist, überdies noch durch eine sehr einfache Annahme ganz bedeutend vermindern lasse. Aber zugestanden, der Autor habe Chroniken „von Arezzo, Pistoja, Mailand, Ferrara" und einem Dutzend anderer Städte gelesen, — wer sagt denn, dass er die damit verbundene Mühe eben zum Zwecke der Fälschung aufgewandt habe? Wenn ich heute eine Chronik aus der „guten alten Zeit", eine Chronik voll Philisterium und Behagen fälschen will, so benutze ich gewiss das eine und andere Buch, welches mir gerade zu Händen ist, aber im Uebrigen kann ich mich recht gut mit meinem vorhandenen Wissen begnügen. Es mag sich dann

---

[1] Vorrede S. V.

Jemand über meine mannichfachen Kenntnisse wundern, aber er wird doch schwerlich mit Hegel behaupten, dass ich zum Zwecke meiner Fälschung „solche Mühe des Sammelns und Forschens" aufgewandt hätte. Und als Fanfani das Itinerarium Henrici VII. in die Laute des Trecento übersetzte, um die Literatur der Dante'schen Zeit durch einen neuen „testo di lingua" zu bereichern, da hat er doch nicht erst, zum Zwecke der Fälschung, die Sprache der italienischen Classiker erforscht, da hat er sich nicht erst aus den Werken der Zeitgenossen Dante's die nöthigen Formen und Wendungen gesammelt, sondern, mit gefälliger Spielerei eine reichlich vorhandene Gelehrsamkeit verwerthet.

Was dann den Widerspruchs- und Lügengeist betrifft, so meine ich die Thatsache vorhin ausreichend begründet zu haben. Diese muss ich wenigstens anerkennen; — ob ich mir nun psychologisch die Natur des Fälschers in alle Einzelheiten zergliedern kann, ist für die Thatsache selbst von keinem Belange. Gerade bei psychologischen Momenten thut man wohl, sich bisweilen an die Schulweisheit Horatio's zu erinnern.

Es bleibt noch die beschränkte Verwerthung, ich sage nicht mit Hegel: seiner Sammlungen und Forschungen, sondern seines Wissens, dem er mit dem einen und andern Buche noch zu Hülfe kommen mochte. Der Einwand will Nichts bedeuten. Der von Hegel angenommene echte Dino hätte über viele höchst wichtige Dinge geschwiegen, sogar über Dinge, von welchen zu reden, wie Hegel zugesteht, eine innere Nöthigung vorlag. Er hätte geschwiegen, — weshalb sollte nicht auch ein Fälscher schweigen? Bei ihm ist ja eine innere Nöthigung gar nicht vorhanden. Erst recht aber sollte man einen Geist, in welchem sich die Lust am Truge und das Bedürfniss nach Widerspruch so eng verbunden haben, wie hier, nicht um die Gründe seines Schweigens fragen.

Hegel hat einen ganzen Abschnitt über Plan und Idee des Werkes, über den Zweck des Autors geschrieben. Sein sehr geschmackvolles Raisonnement gilt der innern Wahrheit. Aber ich weiss doch nicht, ob Hegel sich mit Recht wundern dürfte, wenn er bei dieser Gelegenheit um den Mund jenes Kritikers, welchem er ein medusengleiches Antlitz zuschreibt[1]), das heiterste Lächeln gesehen hätte. Wie, „der Eindruck der inneren Wahrheit", von dem wir S. 94 lesen, soll die Echtheit bestätigen? Einmal ist der Eindruck das subjektiveste Ding, das man daher nicht zu Beweisen heranziehen sollte. Gerade so gut könnte ich sagen: nach den Eindrücken, welche das Studium des Trecento in mir hinterlassen hat, war die damalige Zeit weder so pointenreich, wie Dino, noch hat sie seine Vorliebe für das Halbdunkel getheilt, noch war ihr dieses Pathos irgendwie eigen. Und dann: was ist innere Wahrheit? Das viel missbrauchte Wort lässt sich im Grunde doch auf die Formel zurückführen „Si non è vero, è ben trovato", und der grösste Dichter wird immer am Meisten „innere Wahrheit" bieten.

Der neueste Geschichtschreiber von Florenz, welchem Hegel sich anschliesst, hat den Grundsatz ausgesprochen, dass die Deutlichkeit, Lebendigkeit und Kraft der Erzählung ihre Wahrheit beweise. Wenn ich aus diesem Worte folgere, dass wir alsdann ohne Anstand etwa auch Shakespeare's Caesar als eine historische Quelle benutzen könnten, so mag Hegel, wie im Vorwort geschieht, wohl über den „selbstbewussten Eifer" der Jugend klagen, aber ich hoffe doch, wenigstens in diesem Falle, auch die Mehrheit des Alters auf meiner Seite zu haben.

Wieder und wieder tönt durch, dass eine Erzählung „so nicht erfunden sein kann". Es ist dasselbe Gefühl, welches man bei den historischen Dramen des grossen Briten hat. Und doch war er ein Dichter. Wenn ich einmal ganz Kleines neben das Höchste stellen darf, — Hegel mag mir nur ein Thema geben: an „Deutlichkeit, Lebendigkeit und Kraft" soll es nicht fehlen, jeder Satz soll „das Gepräge der Originalität" an der Stirn tragen, und

---

[1]) S. 9. Dagegen hatte ich S. 210 von dem medusengleichen Antlitz unserer formalen Forschung geredet. Das ist ein bekannter Ausdruck von Paul Heyse; — dass ich denselben zu dem meinigen machte, erklärt wohl zur Genüge der kurz vorausgegangene Abschluss einer Ausgabe, wie die der Chronik Albrich's von Troisfontaines war.

„der Charakter des Schriftstellers", — um Hegel's Worte zu gebrauchen, — soll sich mit psychologischer Wahrheit zeichnen, „indem die Zustände sich in ihm reflectiren". Wenn er gegen jeden historischen Schnitzer, welchen ich begehe, die gleiche Nachsicht beweist, wie gegen Dino's, wenn er gar meine Irrthümer historisch erklärt und verwerthet, wie etwa Dino's Messer Monfiorito aus Padua, wird das Opus in zweimal vierundzwanzig Stunden fertig sein.

„Durch mühsame Quellenstudien und eindringende Anschauungen" soll sich der Autor, wenn er nicht der wahre Dino ist, in den Geist einer längst vergangenen Epoche versetzt haben. Ueber das „mühsame Quellenstudium" habe ich schon geredet; hier entbehre ich den Beweis, dass der Autor gerade „den Geist der Epoche" wiedergegeben habe; und nur dann würde ich Hegel zustimmen können, dass der Fälscher den Macchiavell an historischer Kunst übertroffen habe, wenn er den Beweis erbracht hätte: gerade so war der Geist des Trecento, gerade so haben die Menschen damals gefühlt und gedacht. Bevor nicht dargethan ist, dass die Charaktere Dino's ausschliesslich Charaktere des Trecento sind, so lange werde ich nicht zustimmen, dass der Fälscher die grossen Geschichtschreiber an historischer Kunst übertroffen habe. Er hat sie an Phantasie übertroffen, — einem Artikel, in welchem jene gar nicht mit ihm wetteifern wollen[1]).

Mehr gelegentlich bringt Hegel noch einen weitern Grund gegen die Fälschung vor: Am Schlusse droht Dino seinen Mitbürgern, dass das Strafgericht Heinrich's VII. über sie kommen würde, und in der Erwägung, wie ganz Anderes geschehen sei, als Dino hier voraussagt, findet Hegel nun diesen Schluss bei einem Fälscher „völlig unbegreiflich". Da wir in unserem Falle wohl nicht zwischen Dichter und Fälscher zu unterscheiden brauchen, so will ich, aus einer Fülle von Beispielen, nur an Schiller's

---

[1]) Nicht gar so hoch, wie hier geschieht, denkt Hegel S. 104 über die historische Kunst, durch welche ein Fälscher den Macchiavell übertroffen hätte: wir lesen da von „wenig Klarheit und Schärfe der Auffassung". S. 112 spricht Hegel dem Autor sogar den historischen Sinn ab.

Jungfrau von Orleans erinnern. Der unpoetische Untergang, den die historische Johanna gefunden hat, passte nicht in seine Dichtung, und ebenso wenig konnte Dino, der sein ganzes Buch hindurch aus der göttlichen Gerechtigkeit ausserordentlich viel Wesens gemacht hatte, mit der Besiegung Heinrich's VII. schliessen. Nun zu fragen, weshalb der Fälscher, wenn er wirklich das Walten der göttlichen Gerechtigkeit zur Darstellung bringen wollte, nicht nach einem andern Stoffe gegriffen habe, — nach einem Stoffe, der nicht blos in einer Reihe von Einzelfällen, wie in unsrer Chronik, sondern auch im Schlusse der ganzen Tendenz entspräche, — das ist wohl ziemlich dasselbe, als wenn man Schillern entgegnete, er habe seine leitenden Ideen doch auch durch ein conformeres Thema erläutern können.

Zuletzt noch ein Wort über folgenden Satz: „Der Fälscher habe, so ist die Meinung, den werthvollen Schatz, sein eigenes gefälschtes Machwerk, ohne Zweifel dem literarischen Kreise, dem er angehörte, vorgelegt: allein die Akademiker jener Tage, mit feineren kritischen Nasen begabt, als die heutigen, hätten den Betrug sofort ausgespürt."

Ganz unkritisch waren „die Nasen" der damaligen Akademiker nicht: die Fälschungen des Annius von Viterbo, wofür man sich noch im vorigen Jahrhundert erwärmt hat, sind sofort von ihnen erkannt worden; und wenn ich erwäge, dass der betäubende Duft des Weihrauchs, welchen man Dino später darbrachte, die betreffenden Nasen noch nicht angegriffen hatte, so kann ich mir sehr lebhaft vorstellen, dass doch hier und da sofort ein Zweifel rege ward und unter der Gunst verschiedener denkbarer Umstände gar bald zur Entdeckung führte. Aber wer sagt denn, dass die Akademiker die Fälschung entlarvt haben? Fanfani's schon erwähnte Uebersetzung des Iter Henrici VII. hat die Anerkennung der Crusca gefunden: dann hat Fanfani selbst[1]), um sich an der allgemeinen Verlegenheit zu weiden, die Maske abgelegt. Aber auch ein schlechter Freund, der um den Betrug gewusst, mag unsern Fälscher verrathen haben. Und wenn dies

---

[1]) Fanfani Bibliobiografia 13 flg.

Alles nicht zutrifft, — dass die Chronik gefälscht, jedoch dann nicht veröffentlicht wurde, kann man noch hundert anderen Umständen zuschreiben, als lediglich der Entlarvung schon durch damalige Akademiker.

„Und welches wäre der Zweck seines Unternehmens gewesen?" Auf diese Frage habe ich in meinem Buche schon geantwortet, dass sie für den Beweis der Fälschung gar keine Bedeutung habe. „Mag auch der gelehrte Deutsche", bemerkte ich, „welcher den Matteo di Giovenazzo entlarvte, in dem Zwecke der Fälschung fehlgegriffen haben, — es wird doch kein kritischer Kopf, weil er nun die sichere Absicht im Betruge vermisst, den Matteo in seine alten Ehren wieder einsetzen"[1]). Mir scheint es durchaus nicht undenkbar, dass lediglich die Lust am Truge Grund und Zweck einer Fälschung sei, und vor Allem sollten wir in dieser Hinsicht einen Romanen nicht nach deutscher Gewohnheit bemessen.

Hegel fügt ein Dutzend anderer Fragen hinzu. Ich gehe nicht darauf ein; denn mit der Beantwortung derselben würden wir der Sache ebenso wenig dienen, als Hegel, indem er dieselben stellt. Nur ein Beispiel: — und der Fälscher hätte „den völlig unbekannten Dino Compagni aus den alten Registern der Prioren hervorgeholt"[2])? Aber woher kommt denn der Matteo di Giovenazzo?

Andrerseits gesteht Hegel ja die Unechtheit der Chronik zu: er vermisste die Erwähnung wichtiger Ereignisse, welche in den Zusammenhang der Erzählung gehörten; er fand einzelne Verstösse gegen die historische Wahrheit, welche bei dem Zeitgenossen und Augenzeugen Dino Compagni undenkbar sind, ferner

---

[1]) Hegel Vorrede S. 5 hat allerdings an der Vermuthung Bernhardi's festgehalten, doch hat mich Capasso Su i diurnali di M. da Giovenazzo 8 durchaus überzeugt, dass nicht Angelo Costanzo der Fälscher sein könne.

[2]) Hegel fügt hinzu: „um ihn zur Hauptperson seines politischen Drama zu machen". Es soll wohl heissen: „zum Verfasser und gelegentlichen Akteur", wenigstens hat uns Hegel S. 22 gesagt, Dino habe sich nicht zum Mittelpunkte der Erzählung gemacht: er tritt „nur da persönlich auf, wo er selbst mithandelte".

offenbare Anachronismen, endlich Entlehnungen aus Villani, der später als Dino schrieb. Da bleibt denn nur der eine Ausweg, alle Fehler der Chronik auf die Schultern eines Ueberarbeiters zu wälzen: so gelangt man zu dem Ergebniss, dass sie unecht sein möge, aber nicht gefälscht.

Der Autor, meint Hegel, hinterliess sein Werk „nicht gleichmässig ausgearbeitet und in Zusammenhang gebracht". Da nahm denn der Ueberarbeiter die Chronik Villani's, um die vorhandenen Lücken auszufüllen oder auch durch einige Verbindungsworte zuzudecken.

Eine dieser Lücken fand sich nun gerade in dem Abschnitte, über den uns Niemand besser unterrichtet haben würde, als der wahre Dino: die Ordnungen der Gerechtigkeit aber sind in dem angeblichen Werke des dritten Venners der Gerechtigkeit fast ganz aus Villani's Chronik entnommen. Nur einige Allgemeinheiten, die Jeder hinzusetzen konnte, dann ganz erhebliche Unrichtigkeiten sind ergänzt worden[1]). Weshalb doch gerade an der Stelle, wo man erwarten sollte, dass der Autor aus dem Vollen herausgeschrieben und geschildert hätte, das schlechte Machwerk des Ueberarbeiters? Schon dieses Moment spricht nicht gerade für Hegel's Annahme.

Und sind es in der That nur Lücken, welche der Ueberarbeiter mit Hülfe Villani's ausgefüllt hat? Mir scheint doch Villani zu ganz anderen Zwecken gedient zu haben, als zum blossen Lückenbüsser. Oben verwies ich auf mehrere Stellen, für welche offenbar Villani's Chronik die Quelle war, die aber doch so ziemlich das Gegentheil von Villani besagten[2]). Wenn man diese Beispiele mustert, wird man mir wohl zugestehen, dass in dem Verfahren des Ueberarbeiters ein vollbewusstes Princip sein müsse. Ein kurioser Ueberarbeiter! Er soll mit Hülfe Villani's die Chronik Dino's verbessern, und hat ihr doch mit offenbarer Absicht widersprochen. Das aber wäre ja allenfalls noch denkbar, wofern nur nicht gerade in diesem Punkte eine

---

[1]) S. oben S. 27. 28.
[2]) S. oben S. 64—68.

so bedenkliche Aehnlichkeit mit dem Autor bestände. Wenn der Ueberarbeiter, wie man aus der wörtlichen Uebereinstimmung schliessen muss, dem Villani zugleich folgt und widerspricht[1]), dann widerspricht unser Autor der Wahrheit[2]), die in den meisten Fällen zufällig auch von Villani überliefert wurde. Wie beurtheilen wir nun diese Aehnlichkeit? Ich denke: wir geben den Unterschied zwischen Ueberarbeiter und Verfasser auf. Die Chronik Villani's hat dem allerdings eigen gearteten Fälscher das Material zum Widerspruch gegeben; ihr schliesst er sich an und tritt er entgegen: bald geht der Widerspruch mit der wörtlichen Uebereinstimmung Hand in Hand, bald besteht er für sich allein.

Natürlich hat Hegel's Ueberarbeiter nicht alle Lücken ausfüllen mögen oder können; es blieben namentlich jene Lücken, von denen Hegel S. 52 bemerkte: „Bedenklich ist allerdings das Schweigen, wenn es sich um Dinge handelt, die in den Zusammenhang der Erzählung gehören und über welche überdies der Autor, wenn er Dino Compagni war, sehr genau unterrichtet sein musste." Dahin rechneten wir, dass Dino wohl erzählt, er selbst habe im Jahre 1300 dem Kardinal Aquasparta ein Geldgeschenk angeboten, bevor derselbe Florenz verliess, dass er aber mit keinem Worte sagt, der weggehende Kardinal habe die Stadt gebannt und verflucht. Weiter berichtet Dino, er selbst habe sich im J. 1300 um die Berufung des Kardinals Gentile bemüht; — dass abermals der Kardinal Aquasparta kam, nicht aber der gewünschte Gentile, hat Dino uns verschwiegen. Gerade bei diesen zwei Beispielen ist aber noch eine besondere Merkwürdigkeit zu erwähnen: die von Dino überlieferten Momente entbehren jedes Be-

---

[1]) S. oben S. 64—68.

[2]) Wie man wohl sieht, gehe ich in dieser Auseinandersetzung von der Annahme aus, dass die Widersprüche, welche mit einer wörtlichen Uebereinstimmung verbunden sind, dem Ueberarbeiter angehören; jene Widersprüche dagegen, welche ohne wörtliche Uebereinstimmung bestehen, sollen das Eigenthum des Autors sein. Wollte man diesen Unterschied nicht machen, wollte man Alles dem Ueberarbeiter zur Last legen, — was bliebe da wohl dem Autor?

leges, für die Lücken seiner Darstellung dienen uns Villani, Paolino Pieri und Andere, dient uns eine Urkunde, dient uns ein Brief als Ersatz [1]).

Was aber hier der Fall ist, gilt in Betreff fast aller Angaben, die Dino über seine Person macht [2]). Von seinem Priorate und Gonfaloneriate abgesehen, haben wir für die zahlreichen Erwähnungen seiner eigenen Thätigkeit nicht eine einzige Parallelstelle; wohl aber finden wir zwei Widersprüche zu derartigen Angaben [3]), einmal sogar in Urkunden. Letzteres sei an dieser Stelle jedoch nur nebenbei gesagt. Worauf es hier vielmehr ankommt: einerseits haben wir zahlreiche, unsern Autor selbst betreffende Notizen, welche also sammt und sonders allein durch ihn verbürgt sind, anderseits gewisse urkundliche Zeugnisse über Dino's staatsmännische Handlungen, und da reden oben nur die Urkunden, nicht auch Dino.

Das sind doch Gesichtspunkte, unter denen die Lückentheorie nicht wohl bestehen kann; es sei denn man wolle sie hier in einem anderen Sinne nehmen. Der Autor, liesse sich etwa sagen, hat über Alles geredet, nicht blos über jene Akte seiner eigenen Thätigkeit, wofür wir heute keine weitere Gewähr haben, sondern auch über die ihn selbst betreffenden, weiter über die durch den Zusammenhang geforderten Dinge, welche in Schriftstellern und Urkunden ihre Bestätigung finden. Dann aber ist ein Ueberarbeiter gekommen und hat alle Nachrichten der zweiten und dritten Art gestrichen! Diese Perspektive zu eröffnen, habe ich mir die Freiheit genommen, weil Hegel uns hier vollständig im Stich lässt; er hat das Bedenkliche von Dino's Schweigen anerkannt, doch keinen Versuch gemacht, es zu heben.

Sehr einfach ist dagegen die Behandlung der Anachronismen. Sie werden, wie die Entlehnungen aus Villani, dem Ueberarbeiter zugeschrieben. So bleiben nur noch „die dunkelen Punkte", „die ungelösten Räthsel". Wie wir uns ihnen gegenüber zu verhalten

---

[1]) Florent. Studien S. 132 Anm. 3, S. 152 Anm. 2.
[2]) S. oben S. 5. 6.
[3]) S. oben S. 8—12 und S. 70 Anm. 3. 4.

haben, wird uns nur in zwei Fällen gesagt. Dass Guido Cavalcanti zu einer Zeit, da er schon ein alternder Mann war, ein Jüngling genannt wird, macht gar keine Schwierigkeiten: der Ueberarbeiter hat das verdächtige giovane hinzugefügt. Es ist so leicht gesagt, als schwer begriffen. Was mochte doch den Bearbeiter nach etwa 200 Jahren bestimmen, unseren alternden Guido einen Jüngling zu nennen? Sonst will Hegel immer die Motive begreifen, wofern er die Thatsachen anerkennen soll: hier muss einfach geglaubt werden. Ebenso verhält es sich mit der Gesandtschaft Ludwig's von Savoyen[1]): Dino hatte sie zu 1310 gesetzt, wie es der Wahrheit entspricht; der Bearbeiter verknüpfte dieselbe — Hegel S. 108 erklärt: „offenbar" — mit Ereignissen des Jahres 1312 und zwar in einer Weise, die geradezu unlöslich ist. Ich muss auf diesen Punkt genauer eingehen.

Heinrich VII. ist im März 1312 zu Pisa. Die Florentiner wählen Gesandte, um sie dorthin zu schicken, stehen aber dann von ihrem Beschlusse ab. So Dino; die Wahrheit ist, dass die Florentiner einmal mehrere Geistlichen und Laien ausersehen hatten, doch nicht 1312, sondern im November 1310, nicht um sie nach Pisa, sondern nach Lausanne zu schicken: im Frühjahr 1312 waren die Florentiner geächtet und gebannt, von einem Verkehr mit dem deutschen Hofe konnte keine Rede mehr sein. Gleichwohl lässt unsere Chronik nun erst den kaiserlichen Boten, Ludwig von Savoyen, der kurz vorher nach Toskana gesandt sein soll, während er doch thatsächlich im Juni 1310 und nur im

---

[1]) Dino erzählt, dass Heinrich VII. von Genua aus mandò messer Luigi di Savoia e altri ambasciatori in Toscana: i quali dai Lucchesi furono onoratamente ricevuti. Nun, da der König einige Wochen später in Pisa weilt, heisst es: Luigi di Savoia, mandato ambasciatore in Toscana, venne a Firenze. Also die Gesandtschaft, welche während Heinrich's Aufenthalt in Genua abgeordnet wird, ist über Lucca nach Florenz gekommen, und zwar zu der Zeit, da Heinrich in Pisa war. Das seien Widersprüche, sagt Hegel S. 108, — Widersprüche, die offenbar die ungeschickte Hand des Ueberarbeiters gerade an dieser Stelle verrathen sollen. Ich habe mich sehr angestrengt, diese Widersprüche zu durchschauen, muss aber nun meine gänzliche Unfähigkeit dazu eingestehen. Selbst die Fussnote bringt mir kein Licht: „mandò messer Luigi di

Juni 1310, wie die anderen tuscischen Städte, so namentlich Florenz besuchte, — gleichwohl lässt sie ihn erst jetzt in Florenz eintreffen; und damit über die Chronologie kein Zweifel sein könne, schliesst sie ihren Bericht: „Der Gesandte reiste ab und kehrte nach Pisa zurück!"

Diese in sich so fest geschlossene Erzählung soll nun sachlich das Eigenthum Dino's sein: nur die Chronologie rührt vom Bearbeiter her, — vom Bearbeiter, der Villani's Chronik zur Hand hatte, der mit ihrer Hülfe sonst wohl Dino's Darstellung ergänzte, der leider nur hier ihre Controle verschmähte: ganz auf eigene Faust, ohne sich um Villani irgendwie zu kümmern, überträgt er eine Gesandtschaft, welche die Florentiner beabsichtigten, eine andere, welche der König schickte, vom Jahre 1310 auf das Jahr 1312. Damit aber noch nicht genug! Auch Unternehmungen gegen Arezzo, die unlösbar mit unseren Gesandtschaften verbunden, — auch sie gehören in's Jahr 1310. Und hier muss ich denn auf meine frühere Erörterung zurückkommen. In all' den genannten Ereignissen ist nicht blos das Jahr verkehrt; sondern die Reihenfolge in der sie unter sich stehen, ist der Wahrheit und zugleich dem Villani völlig entgegengesetzt. Womit Dino beginnt, damit endet Villani; und Dino endet mit Villani's Anfang, dem Unternehmen gegen Arezzo. Da dieses aber in zwei Theile zerfällt, so werden auch noch die Theile in der dem Villani und der Wahrheit entgegengesetzten Reihenfolge erzählt [1]). Gerade hier also haben wir die Bethätigung des sattsam nachgewiesenen Princips: unbedingter Widerspruch.

Doch ich hätte mehr von Hegel hören mögen. Wie ist es doch zu erklären, dass unser Chronist den Karl von Valois, gegen

---

Savoia e altri ambasciatori in Toscana. Hier weiss Dino von anderen kaiserlichen Gesandtschaften, welche auf die von Ludwig folgten". Das ist doch geradeso, als wenn Jemand den irgendwo sich findenden Bericht: „Heinrich schickte den Bischof von Basel, den Bischof von Eichstädt, den Ludwig von Savoyen und den Rechtsgelehrten Bassiano", in folgender Weise erläuterte: Zuerst kam der Bischof von Basel, dann der Eichstädter, später Ludwig von Savoyen, endlich der Rechtsgelehrte!

[1]) S. ober. S. 66.

Villani und alle Andern, nicht am 1. November in Florenz eintreffen lässt, weil an diesem Tage der neue Wein getrunken würde, sondern erst am vierten? Sollen wir uns auch hier mit dem Ueberarbeiter auseinander setzen? Was werden wir doch mit jenen Cerretani anfangen, die aus alten Ghibellinen schwarze Welfen werden, während sie doch von Alters her sich zum Welfenthum bekannten? Doch genug der Fragen. Nur noch an Eins meine ich mit besonderem Nachdruck erinnern zu müssen.

Hegel hat S. 43 zugestanden[1]), man könne unmöglich annehmen, dass der wahre Dino von sich erzählt habe „Et io Dino Compagni, ritrovandomi gonfaloniere di giustizia nel 1293, andai alle loro case e *de' loro consorti* e quelle feci disfare *secondo le leggi.*" In der Zerstörung der Häuser auch von Geschlechtsgenossen — darüber waren wir einig, — liegt eine schreiende Gesetzwidrigkeit, und doch sagt der erste Beamte der Republik, sie sei der Verfassung gemäss!

Dass Hegel nun an der Stelle, wo er alle Sünden der Chronik einem angenommenen Ueberarbeiter aufbürdet, über einen Punkt von so rabenschwarzem Dunkel hinweggleitet, legt die Vermuthung nahe, unser Kritiker hätte doch nicht den Muth gehabt, aus seiner These auch die letzte Folgerung zu ziehen. Die aber wäre: der Ueberarbeiter hat auch an jene Sätze, in denen Dino von sich selbst redet, seine zudringliche Hand gelegt. Die formelle Richtigkeit dieser Folgerung hätte ihm Jedermann zugestanden; aber in der Sache hätte er gewiss keinen Glauben gefunden; man würde sich gesagt haben: die These führt in durchaus logischer Entwickelung zu einem kleinen Unsinn; den Unsinn zu beseitigen, müssen wir die These aufgeben.

Eng verbunden mit dem obigen Satze ist Dino's Behauptung, dass die Ersten, deren Häuser nach den Gesetzen der Gerechtigkeit zerstört wurden, die Galligai gewesen seien. Eben an ihren Häusern habe er selbst, wie Dino erzählt, den Racheakt verübt. Alle anderen florentinischen Chronisten nennen nun aber nicht Dino, den dritten Gonfaloniere als den ersten Häuserzerstörer,

---

[1]) Vgl. oben S. 11. 12.

sondern Baldo de' Ruffoli, welcher der Erste in der Reihe der Gonfaloniere war. Urkundlich habe ich dann bestätigt, dass eben schon unter Baldo's Gonfaloneriate eine Häuserzerstörung erfolgt war. Wir sahen[1]), mit wie schwachen Gründen Hegel mein urkundliches Zeugniss zu entkräften suchte. Zu allem Ueberfluss fand sich inzwischen noch eine andere Urkunde, in welcher mit dürren Worten gesagt ist, dass kurz vor dem 30. März 1293, das heisst zur Zeit, da Baldo de' Ruffoli das Banner führte, das Haus eines Magnaten zerstört sei.

Wenden wir Hegel's Bearbeiter-Theorie auf diesen Fall an, so hat der Bearbeiter unserm Autor geradezu eine That angedichtet!

Um zum Schlusse zu gelangen, so glaube ich Dino's Chronik doch auf's Neue als Fälschung bezeichnen zu müssen. Sie ist nicht mit der von Hegel empfohlenen Vorsicht zu benutzen, sie ist vielmehr aus den Quellenschriften des Trecento ganz und gar zu streichen. Wegen der scheinbaren Unmittelbarkeit, wegen der Kraft und Lebendigkeit, womit sie geschrieben wurde, mögen wir den Verlust bedauern, und vor Allem wollen wir Jüngeren den Schmerz Jener achten, die „den Autor durch langjährigen Umgang lieb gewonnen haben". Dann aber dürfen wir immerhin „mit selbstbewusstem Eifer für die Wahrheit" über den von der Kritik Geächteten hinweggehen: nur in ungerechtem Leide kann uns Jemand einen Mangel an conservativem Sinne vorwerfen. Wenn die Zerstörungen der letzten Jahre durch jüngere Forscher geschahen, so freuen wir uns doch auch mancher Wiederherstellung, die nicht minder von unseren Altersgenossen ausging; ich denke an den Ligurinus und das politisch so wichtige Testament Heinrich's VI. Wir haben von den Aelteren, die wir verehren, in gleicher Weise übernommen: den Muth, das Schlechte zu zerstören, und die Kraft, das Gute zu erhalten oder zu erneuern.

---

[1]) S. oben S. 8—11.